紺の誇り

負けない準備の大切さ

湯浅大智 著
東海大学付属
大阪仰星高等学校ラグビー部監督

ベースボール・マガジン社

プロローグ

忘れられない光景

私がラグビーを始めたのは大阪市立中野中学校に入学後のことだ。7歳上の兄が高校のラグビー部に入っていたので、小学生のころからラグビーのことは知っていた。

中野中学はバスケットボール部が強かったので、バスケットボールかラグビーかを迷ったのだが、兄がラグビーをする姿がかっこいいと思っていたので、最終的にラグビー部に入った。中野中学ラグビー部は小中学生のラグビー人口が日本一多い大阪でもトップレベルの実力を誇っていた。ラグビー部の監督は鳥山修司先生。鳥山先生は大阪体育大学ラグビー部出身で、ゲームの進め方を細かく教えてくれた。同時に人間性を大切にし、責任感を持って自分の役割を果たす選手を育成していた。

私は不器用な生徒だった。パスもキックもうまくできないし、走るのも遅かった。しかし、ラグビーは勇気をもってタックルすることでチームの役に立つことができる。私は一生懸命走り、タックルした。鳥山監督の「タックルのできる人を試合に出します」という言葉を励みに頑張った。

体格は中学2年生の時点で身長160センチ、体重55キロだったから、大きい方ではないが、努力が実って、2年生、3年生で大阪中学選抜チームに選ばれた。選抜チームにはさまざまな中学の生徒がやってくる。自分のチームの選手だけではなく、ほかの中学の生徒とも仲良くなることができる。それが楽しくて、ラグビーが大好きになった。

卒業後の進学先は大阪府枚方市にある東海大仰星高校に決めた。学校創立は1983年で、ラグビーの世界では比較的新しい高校だ。

仰星高校のラグビー部は1984年の創部で、1992年度に全国高等学校ラグビーフットボール大会に初出場していた。のちに日本代表でトライ数の世界記録を作る大畑大介さんがいた頃だ。初めての全国大会でベスト8になったが、当時の大阪では啓光学園（現・常翔啓光学園）、大阪工業大学高校（現・常翔学園）が強く、その大会でも啓光学園が準優勝していた。

仰星高校の監督は東海大学出身の土井崇司《たかし》先生で、熱意ある指導でチームを急速にレベルアップさせた。同時に土井先生は、たくさんの中学生に仰星のラグビー部を知ってもらうため、近隣の中学生を集めての練習会を開催していた。

私もこの練習会に参加したことがある。そこでは、ラグビー部の高校生が分かりやすくラグビーを教えてくれた。高校生ながら、自分たちで練習会を運営し、どうやったら中学生に分かりやすく伝えられるかを考えていた。その姿がとてもかっこよく見えたし、このチームでやってみたいと思った。

高校に入学してラグビー部に入部すると、土井先生は「お前たちは、ぜったいに日本一になる」と宣言してくれた。情熱的な言葉だったが、そのための練習は理論的で、ボールをどうやってディフェンスのいないスペースに運ぶのかを細かく教えてくださった。

1年生の頃は土井先生から詳しく教えてもらい、2年生になると選手でのミーティングが増えた。そして、3年生になると私がキャプテンとなり、自分たちで試合の進め方を考えるようになった。

キックオフからの試合の流れをイメージするミーティングは長時間にわたった。試合の進め方をあらかじめ決めておけば、何が成功で何が失敗だったかを反省することもできる。試合を重ねてチームは実力をつけていった。

そして、2000年1月7日、3年生の全国大会で順調に勝ち進み、決勝戦に進出した。相手は埼玉工業大学深谷高校（現・正智深谷高校）。トンガからの留学生のいるパワフルなチームだったが、ミーティングでイメージした通りのプレーを徹底してやり切り、31－7で勝利した。仰星の初めての日本一だった。ラグビーを長く見ているファンの皆さんの中には、正面健司《しょうめんけんじ》さん（当時・仰星高校1

年生）の70メートル独走トライを覚えている方もいらっしゃるだろう。

表彰式が終わり、私たちはバックスタンドの応援団のところへ走った。そのとき、私は忘れられない光景を目にした。

スタンドの中に中学と高校の同級生を見つけたのだ。他人であるはずの二人が肩を組んで喜んでいる。その姿を見たときの感動は忘れることができない。

スポーツ、そしてラグビーの力を感じた瞬間だった。その試合が始まる前まで他人だった二人が、友人の優勝を一緒になって祝福している。いつのまにか友達になっている。

土井監督の言葉を実現するため、仲間とともに考え抜き、精一杯努力し、最後に目標にたどりついた。そして、喜ぶ友達の姿を見た。こんな体験を後輩たちにもしてほしい。この光景を後輩たちにも見せてやりたい。心からそう思った。

優勝という財産を持たせたい

高校3年生で優勝した時のバックスタンドの景色は私のラグビーの根本にある。高校を卒業して東海大学で学び、教員となって母校に帰ってきた。多くの人に出会い、人生経験を積んだことで、勝つことで得られるものについて深く考えるようになった。

優勝というわかりやすい結果によって、この年代で得る自信は尊いものだ。ちっぽけな自分が、一生懸命ラグビーに取り組み、努力を続けた先に、こんなにたくさんの人がつながって、同じ感動を共有できることを知る。こんなに素晴らしい経験はない。それはいつまでも変わらない気持ちだ。

一方で、監督、コーチ、教員としての立場から思うのは、生徒たちが優勝した事実を持ってこの先の人生を歩くことができることの得難い価値である。

優勝は人生における目に見えない信用の一つになる。卒業後の人生でそれぞれの分野で一流の人に出会ったとき、その人たちに対して示せる信用という意味である。優勝というものをつかみとることをやった人だな、という目で見てもらえると、つながる人の幅は広くなる。ラグビーからスポーツ、スポーツ全般から芸術、社会へと無限に広がっていくだろう。優勝を自分の言葉で語ることができるのは、とてつもなく大きな財産なのだ。それを持たせて卒業させてやりたいと思う。

たしかなことは、高校ラグビーで得るものより、社会に出て得るもののほうが大きいということだ。生徒たちの未来にはもっともっと素敵なことが待っている。

私もラグビーでの体験が信用になり、人生が豊かになったと感じている。監督として優勝を成し遂げたことについて、話を聞いてみたいという人が増えた。

2023年は新人戦で負けてスタートした。そんなチームがどのようにして全国大会のベスト8になり、優勝した桐蔭学園に健闘できたのか、ということに興味を持ってくれるのだ。

悩み、考え続ける日々

ここ2、3年、他分野の方と会い、話を聞く機会が増えた。大企業のサラリーマン経験のない自分が、企業の役員クラスの方々に組織論を話すことも多くなった。自分自身がテイカーになって相手から吸収するだけだと誰も寄ってこない。湯浅の話を聞いてみたいと思われる存在になっていなければいけないと改めて思う。

しかし、勝つことは簡単ではない。勝つためには、ラグビーに真摯に取り組み、どうすれば勝てるのかを追求しなくてはいけない。そして結果が出た先に、人生を豊かにする出会いが待っている。

フィールドでの戦略、戦術が優れているチームが勝つわけではない。勝敗を分ける要素は、学校生活、普段の生活の中にもたくさんある。すべてがつながっている。それをどうとらえて実践していくか。そこを選手とともに考える日々を送っている。

この本は、私のありのままの考えを綴っている。監督として4度の全国制覇を成し遂げてはいるが、ここまでの道のりは順風満帆ではなかった。何度も壁にぶつかり、跳ね返され、悩み、考え続けた。ラグビーの教え方、プレーの方法に正解はないし、私の考え方も変わり続けている。

ここに記すのは、ラグビーのコーチ、学校の教員としてこれまで学んだこと、うまくいかなかったことなど、現在進行形の試行錯誤の記録である。

ラグビー、選手と向き合う日々の記録が、読者の皆さんが豊かな人生を生きるヒントになってくれれば幸いなことと思う。

第5章

26年ぶりの敗退 ― 113

構成・編集
村上 晃一

編集
冨久田 秀夫
石田 英恒

デザイン
黄川田 洋志
井上菜奈美

写真
ラグビーマガジン

特別協力
東海大学付属大阪仰星高等学校

※選手の所属は2024年４月30日現在のもの

第1章

強化の礎は「べき論」

負けるチームに多い選手たちの「会話」

高校卒業後は、ラグビーのコーチになる勉強をするために東海大学体育学部に進学。ラグビー部に所属し、高校でも同期だった梶村真也らと、大学日本一を目指した。目標には届かなかったものの、充実した日々を過ごすことができた。

もともと私はアパレルに関する仕事をするつもりだった。コーチングを学ぶためには、教育的な観点からも学ぶ必要があると考えていたため、教職課程の修得も目指した。そして、大学4年生の時、母校の仰星高校に教育実習にも行くことになった。この教育実習で考え方が変わる。部活、学校生活に情熱を持って取り組んでいる高校生たちと出会ったからだった。

当時、教育実習をしていた私より4歳、5歳下の世代でも、これほどまでに純粋で熱い学生たちがいることに感銘を受けたのである。彼らに対し、教員が情熱を持って接することができたら、もっと素晴らしい学校生活を送れる生徒が出てくるのではないか？　そう考えると、私は胸が躍ったのだ。

恩師の土井崇司先生に「帰ってきたらどうだ」と声をかけていただいたこともある。いろいろと考え、大学卒業後は、教員として東海大仰星高校に戻ることとなった。

ラグビー部のコーチになり、土井先生の下でさまざまなことを学ばせてもらいながら、選手と一緒に走り、熱く指導をしていくことになった。

9年間のコーチ生活で学んだことは多々あるが、興味深かったのは、土井先生が話す内容が選手ごとに違っていたことだ。

個々の選手に違う接し方をすれば、選手からは、あの選手は土井先生のお気に入りだ、あいつには優しいのに俺には厳しい、というようにとられかねないリスクもある。しかし、土井先生は選手の特徴、性格をよく見て、自分なりの視点でそれぞれの選手がどうすれば伸びるのかを模索しながら、選手と向き合い、3年間をかけて成長させていた。

チームのミーティングで厳しく叱られることで、力を出す選手もいれば、プライドが傷ついてしまう選手もいる。そういう選手には、後で個々に呼び出してフォローしていた。

例をあげれば、日本代表にも選出された山中亮平（早稲田大学→コベルコ神戸スティーラーズ）である。彼は、グラウンドでは自由にプレーしているように見えて、実はよく土井先生に呼び出されて懇々と諭されていた。プレーのことだけではなく、普段の生活のことなどを諭され、二人きりで話していたのだ。

はたから見れば、山中は特別扱いだと思われそうだが、今になって思うのは、彼はみんなの前で叱らない方がよいタイプだと土井先生が感じていたということなのではないだろうか。山中の世代は私がコーチになって1年目に入学してきた。私が3年間を通して見続けた最初の世代だった。

ほかにも、木津武士（東海大学→コベルコ神戸スティーラーズ→日野レッドドルフィンズ→アズコム丸和モモタローズ）、前川鐘平（東海大学→コベルコ神戸スティーラーズ）など、のちにトップレベルの社会人チームや日本代表でプレーする才能ある選手がいた。

その3年間を経て、私にもさまざまな気づきがあった。土井先生からは、表に見えないところで、きめ細やかに選手の気持ちをケアし、丁寧に接しなければいけないことを学んだ。

土井先生もそうした指導に至るまでは、試行錯誤されていたようだ。指導を始めた当初は、「右向け右方式」で選手を指導しつつ、いろいろな場所で勉強をされたという。

大阪の高校ラグビーの先生方は、年末年始に東大阪市花園ラグビー場で開催される全国高等学校ラグビーフットボール大会をスタッフとして手伝うことになっている。土井先生も手伝うことがあった。ある年は、試合中のインゴールに立ち、無線でトライした選手が誰かを本部席に伝える役割をしていた。

そこでは、トライを奪われた高校生たちが円陣で話している内容を聞くことができたという。「俺たちは夏合宿であれだけの厳しい練習をしてきたのだから、まだ戦える」と、それまでの努力を思い出すチームもあれば、「トライの取られ方がこうだったから、ここを修正しよう」と戦術を修正するチームもあった。

負けるのは、たいてい前者だ。後者は逆転して勝利することが多かったという。土井先生は「インゴールで話す内容が勉強になった」と話してくださった。土井先生は高校生たちの声を聞きながら、負けるチームの話が似ていることに気づいたのである。

全国大会で勝つチーム、負けるチームの特色をご自身の経験談から私にもよく話してくれた。負けるチームが多い環境に選手を導くような指導をしてはいけない、という戒めでもあったと思う。

右向け右方式で、「やれ」と言って指導していると、「これをやってきたから勝てる」という根拠のない自信が生まれる。そして、負けたあとに「自分たちがやってきたことができたので、悔いはありません」と話す。ほんとうは、「悔い」

しかないはずだ。やってきたことに「悔い」がないのならば、負けるラグビーを練習してきたということになってしまう。「悔い」がないわけがない。

土井先生から学んだことで、私は、試合後のコメントやインタビューにも耳を傾けることができるようになった。他チームの選手の声を聞くことで、チーム作りにたくさんのヒントを得ることができた。

土井先生の指導の変化

私が土井先生の下で選手だった1997〜2000年の頃は、土井先生が指導法を変えていこうとしていた時期でもあった。

1983年に創立された東海大学大阪仰星高校は、1984年にラグビー部が創部され、8期生の時（1992年度）に、初めて全国高等学校ラグビーフットボール大会に出場することができた。

8期生までの土井先生は、「こうすれば全国大会に行ける」と細かく、厳しく選手に教え込んだ。仰星のラグビー部には、中学のときに有名だったような選手が来ることはなく、経験の浅い選手たちを教え込み、鍛え上げることでチームは強くなっていったのだ。

全国大会出場がかなったとき、土井先生はこれで選手が来てくれると思ったそうだ。優秀な選手が集まってくれれば、チーム強化はやりやすい。しかし、生徒は集まって来なかった。大阪の伝統校を志望する中学生がこのことで仰星を選んでくれるようになる、そういうわけにはいかなかったのである。

ちょうどその時期に、土井先生は指導法を変え始めていた。みんなで作る、選手自身が考えるチーム作りが大事だということに気づき始めたのだ。そして、土井先生は、学校の周辺にある中学生を集めて練習会を開催するようになった。

この練習会は仰星のチームの基盤を作ることにつながり、好影響をもたらした。中学生には仰星の雰囲気を知ってもらうことができ、土井先生も選手の能力を見ることができた。これまでは中学生の大会を見て回ってよい選手を探していたのだが、実際に練習しているところを見ることで、代表チームに選抜されているような選手だけではなく、各学校のレギュラーになっていない選手の素質や、練習に取り組む態度などを見ることができた。その生徒のゲームへの影響だけではなく、クラブへの影響を見極めることができた。

練習会の運営は基本的に高校生が担った。土井先生が中学生に教えるのではなく、土井先生が普段高校生に教えていることを、高校生がコーチになって中学生に教える。この練習会を始めてから、仰星に入りたいと希望する中学生が増えたようだ。

私も中学2年生のころ、この練習会に参加したことがある。高校生のお兄さんたちが優しく教えてくれたのはよい思い出だし、ここでラグビーを続けたいと思うようになった。監督に命令されるのではなく、高校生が教えてくれるところに魅力を感じたのだ。

私が仰星高校に入学した1997年頃は、選手に考えさせる指導方法が確立されていた頃だ。そこでは、「これをしよう！」ではなく、「こんなのがあるけど？」「それもいいけど、こっちもあったのではないか？」と疑問形で教えていた。

土井先生の指導が確立した時期に私たちは入学した。そして、3年生で初の全国制覇を成し遂げることになったのである。

経験のみを伝えたコーチ1年目

土井先生には理想のラグビーがある。「こうなるには、こうだろう」という信念のようなものがあった。そして、土井先生の考えているであろう理想に選手たちを近づけようとしていくのだ。しかし、土井先生の理想を選手に表現させるのは、非常に難しい作業でもあったと思う。私が違うことをしても土井先生に叱られることもなく、「それも面白いな」と言われた。

これは私も探究中なのだが、理想はあったほうがいい。方向性もあったほうがいいのはたしかだ。しかし、最終形を描きすぎるとうまくいかなくなってしまうものだ。

ラグビーは体操競技のように同じ環境で技の出来栄えを競う採点競技ではない。相手と戦う中で状況は刻々と変化する。最終形を描きすぎると、そこにとらわれてしまう可能性がある。いくつもの型を持ってそれを組み合わせる力が必要だ。

私の理想のラグビーは、みんながボールに触って、全員がスタンドオフで、全員がフランカーとして動くスタイルだ。15人が常に変化しながら、無意識下でつながり、チームとして出来上がっている。それはとても美しいラグビーになるはずだ。

私は、山中の代が優勝する3年間の過程を見た。彼らは、1年生の頃からすごいメンバーで、スタンドオフがすべてを支配する、土井先生の理想のラグビーのスタイルを体現していた。指導者の目指すスタイルに身体能力やスキルがともなっていたからこそ、彼らは高校ラグビーの頂点に立つことができたのだ。

このチームで私はフォワード（背番号1〜8番）のコーチを務めた。自分たちよりも大きい選手にも対処できる身体の使い方、頭の向き、足の向きなど徹底して教えた。

ライバルは東福岡高校。ナンバー8有田隆平（早稲田大学→コカ・コーラウエストレッドスパークス→コベルコ神戸スティーラーズ→トヨタヴェルブリッツ）を軸にした東福岡は、圧倒的な身体能力を誇っていた。私は身体が小さかったので、現役時代、いかに大きな相手と戦うかを日々工夫していた。したがって、この頃は自分の経験を伝える指導でもあったと思う。

土井先生の方向性から外れないように、目の前の生徒たちの能力が生きるのはどんなプレーかという観点で教えていた。

山中の代が優勝を飾った次の世代のチームは、フォワードが小さかった。コーチになった最初の3年間は身体能力の高い選手が多かったが、次の3年間は身体能力がやや低くなったのだ。それなのに、前の3年間と同じように選手に接し、話し方も同じになってしまっていた。いま振り返ると、かみ砕いて細かく指導することを怠っていたと思う。

前年度は身体的な能力が高いので、こちらが提示する戦術を高いレベルで再現していた。次世代のチームはそれよりも身体的な能力、大きさ、速さが劣っていたのだから、本来であれば、足の位置などディテールをもっと丁寧に教えなくてはいけなかったと反省している。

前年度のモールが押せていたのは、組織的な押し方がよかったというより、物理的な重さが働いていたのかもしれない。バックスも筋力が強く、パスが速い選手が多いから、よいライン攻撃ができたのかもしれない。パスの能力が変われば、パスのつなぎ方、ディフェンスラインへの接近の仕方も変えなくてはいけなかったと思う。

当時の私は指導法が乏しかったのだ。なぜ、押せない？　なぜ抜けない？　そればかり思ってしまった。再現する人が違うのに、同じ距離感で指導していたのだった。原因は最初の3年間で日本一を経験したことによって、4年目から私自身の勉強するスピードが遅くなってしまっていたことだ。成功体験が翌年からの気づきの幅を狭めてしまったのである。

そのことに、土井先生は気づいていたはずだが、私がそれに気づくのを辛抱強く見守ってくださったと思う。コーチになって4年目のシーズンは大阪の予選を突破して全国大会には出場したものの、2回戦で尾道高校に敗れた。

試合をレビューすると、風下でハイパントを蹴るシーンがいくつかあった。風下の場合はハイパントを蹴ると風で押し戻され、前にいる味方選手がオフサイドになり、ボールを再度確保しても前進できないことが多い。前年度のチームはキック力があったので、風下からでもエリアを獲得することができていた。これも、キック力の差によって戦い方を変えなければいけない例だ。

5年目は大阪予選決勝で常翔学園と当たった。勝ち上がりを予想し、常翔学園と対戦する想定で準備をし、年間を通してチームを作った。真っ向勝負を逃げることなく、相手の攻撃オプションを減らす工夫をした結果、勝って全国大会に出場することができた。

しかし、全国大会は、元日の3回戦で京都成章に負けてしまう。2年連続でベスト8を逃してしまった。やはり、私の指導が未熟だったのかと反省するばかりだった。

たとえば、この頃の生徒に「どうしてそんなプレーをした？」と問いかけると、「行けるだろうと思いました」という感覚的な答えが返ってくる。「前年度のチームを見ていて、このサインプレーだったら抜けていた」というのである。

生徒たちはラグビーをサインプレーとしてとらえていた。しかし、サインプレーにはそこまでにいくつもの布石があり、仕掛ける際の一人ひとりの足の向き、ボールをもらうタイミング、パスのスピードなどが相まって成功するものだ。にもかかわらず、サインプレーをすれば抜けると思ってしまう。それは違うと指導できず、伝えることができなかった私の未熟さを痛感した。

〝東福岡3連覇時代〟の気づき

こうした2年間を経て、コーチ6年目に入る。この頃の仰星高校ラグビー部には多様な人材が揃っていた。松島鴻太《こうた》キャプテン（現・京都ハンナリーズ運営会社社長）。2年生には林大成《たいせい》（セブンズ日本代表）がいて、情熱家、野心家、頭脳派など、さまざまなタイプがいた。

最初の3年で理解度、吸収度、再現度の高い生徒に出会い、次の2年では気づきの幅を狭めていることに気づかず、6年目の指導でやっとそこに気づくことができたのだった。

全国大会の大阪予選では、難しい相手にいかに勝つかを考え抜いた。ただし、この頃の監督は土井先生だったので、私はフォワードのコーチとして考え抜いたということだ。

予選を突破することができ、全国大会では垣永真之介（早稲田大学→東京サントリーサンゴリアス）がキャプテンを務める東福岡と戦った。しかし、7－23で敗れる。

私のコーチ生活6、7、8年目の3年間は、東福岡高校が全国高校大会で3連覇という快挙を成し遂げた時代だ（89回大会から91回大会）。

布巻峻介、藤田慶和ら才能ある選手が揃い、2連覇の時は松島幸太朗を擁する桐蔭学園（神奈川県）と引き分け同点優勝だった。

フォワードの細かい動きなどスキル面の指導には手ごたえを感じていたが、この頃には、ラグビーで勝つこと以上に、試合前の立ち居振る舞いや、試合後の片づけなど普段の行動に目を向けるようになっていた。東福岡が勝ち続けている時期に気づいたことだ。

戦略戦術はその時のタイミングである意味、当たりはずれがある。しかし、日々の練習、そして日々の生活で一つひとつ積み上げていかなければならないものがある。日常をいかに過ごすかが大事なのだ。

毎年、ゴールデンウィークに福岡県宗像市のグローバルアリーナでサニックスワールドユース交流大会が開催される。地元の東福岡高校ラグビー部はこの大会が始まった当初から裏方として大会を支えてくれている。

東福岡高校には、女子マネジャーがいない。選手がそのときどきで役割を分担し、マネジャー役もするというチームである。彼らがスタッフとして大会運営を手伝ってくれるからこそ、参加チームはスムーズに試合をすることができる。いつも感謝している。

あるとき、東福岡の選手が試合後に脱いだジャージを集めている選手に、丁寧に畳んで手渡しているところに出会った。

ほかにも、アップシューズやカバンが揃って置いてあることなど、そうしたことを怠らずにするチームだと感じた。さまざまな大会に参加すると、東福岡だけではなく、他のチームからも学ぶことが多々ある。そこを大切にすることがとても大事であるとわかってくる。

コーチとして、知識、理論を増やして、指導法を高めることは続けなくてはいけない。そして、ラグビーをやり切る人間を丁寧に育成できるかどうか、そんな選手が育つ環境を作れるかどうかが大事なのだと、多くのチームを見て感じる。見た目は普通の高校生でも、立ち居振る舞い、オーラがにじみ出てくる。にじみ出るものをいかに作るか、その重要性を改めて感じた。

コーチとしての5、6年は教員として指導することに必死だった。日常が大事だと口では言っていたが、重みがなかった気がする。理解はしていたが、ラグビーのところで、子供たちに負けたくない、子供たちの上に立たなくてはいけないと気負っていたのかもしれない。本当の意味で日常の大切さを生徒たちに話すことができていなかった。

高校ラグビー史上最強とも言われた2006年度（86回大会）の優勝だが、このチームは戦績こそ残したが、クラブとしての文化的な要素でいくと足りないことがあった。

本人たちは一生懸命に日本一になる努力をしていた。しかし、ラグビーに振り切っていた感がある。例えば、ゴミ拾いの大切さには目が向いていなかった。ラグビーの技量が上がることに力を注いで、ラグビー以外のことに気持ちが向いていなかったともいえる。

その後も全国大会では2年連続で負けてしまって、勝たなければいけない、勝てるはずだという焦りがあった。圧倒的な強さで優勝したことで、招待試合に呼ばれるなど遠征も多くなったのだが、いろいろなことが、ともなっていないと感じることが多かった。

日常をきちんとしていないと、いろいろな問題が起こる。遠征先で部屋の片づけを忘れていることもある。それを見回りながら逐一言っていくことが大事だと感じるようになった。

振り返ってみれば、土井先生はそれをずっとやってこられていた。私もわかってはいるが、それを生徒に浸透させる指導には至っていなかった。口を酸っぱくして注意し、気づいてもらう言葉の選択が必要だった。いろいろ見えてきたのが、6年目以降ということだ。

指導者としての成長に影響を与えた3人の先輩監督

指導者として勉強になったイベントがある。奈良県の御所実業高校ラグビー部がホストになって運営する「御所ラグビーフェスティバル」だ。

毎夏、全国から集まって来る高校生を、御所実業のラグビー部員がおもてなし、地域の皆さんと一緒に盛り上げるイベントだ。意図的にホストになることで、選手自身が気づくことがたくさんある。目配り、気配り、心配り、思いやりが育つのだ。

このフェスティバルが軌道に乗って、御所は全国の上位に食い込むことが多くなった。このフェスティバルのホスト役が選手たちを成長させたのは間違いないだろう。

勉強になるのは指導者の皆さんの指導法や会話が聞けることだ。例えば、土井先生と御所実業の竹田寛行《ひろゆき》監督の会話を聞くと、世の中の動きを見ながら、子供たちへのアプローチの仕方を話している。それはとても勉強になる時間だった。指導者としての基本的なことは、土井先生から学んだが、他の高校の先生方にも大きな影響を受けた。

私が高校生だった頃、御所実業の竹田先生、京都成章の湯浅泰正《やすまさ》先生が東海大大阪仰星のグラウンドに来て合同練習をするようになった。

それぞれ、奈良、京都、大阪で2番手、3番手の挑戦者の立場で、全国大会出場、全国制覇を目標に力をつけているチームだった。ウマが合ったということもあるのかもしれないが、3人の指導者が共感できる立場にあり、ともに強くなっていこうという気持ちが強かったのだと思う。仰星が御所に行くこともあった。

御所の3年生に菊谷崇さん（2011年ラグビーワールドカップ日本代表キャプテン）、西辻勤さん（現・リコーブラックラムズ東京GM）がいた。

当時はまだ春の全国選抜大会がなく、「春の近畿大会を制する者は冬の花園も制する」と言われた時代だった。私が高校に入学する前の話だが、土井先生が近畿大会を視察に行った際、グラウンドの向こう側に見たことのある人が座っていた。それが竹田先生だった。土井先生は大阪教員団でラグビーを続けていて、竹田先生は奈良の教員を軸にした奈良クラブのナンバー8だった。お互いに顔を知っていたので、挨拶し、交流が始まったそうだ。

ある日、仰星のグラウンドで御所と合同練習をすることになったのだが、なぜか京都成章高校が来ていた。私はキャプテンだったので、土井先生に「きょうは御所ですよね？　成章が来ていますけど」と言うと、土井先生も驚かれた。

湯浅先生に聞くと、「約束したじゃないですか」と湯浅先生独特のおとぼけの返事が返ってきた。成章が御所に練習に行った際、ホワイトボードに仰星との合同練習の日程が書いてあったのを見て勝手にやって来たらしい。向上心の塊なのである。それを許し、一緒に練習する土井先生、竹田先生も懐が深い。

3人の駆け引きは面白かった。あるとき、土井先生が竹田先生に「きょうの試合ではこういう攻撃をしてみようと思っている」と内容を話す。我々部員は聞かされていないので、準備通りの試合をする。するとバチバチとタックルで止められる。

土井先生は、竹田先生にあえてすべてを話して止められるように仕向け、選手がそこをどう乗り越えるかを見ていたのだ。これが次第に相手チームに情報をすべて話しているようなそぶりをしながら、試合で裏を読みあうというスタイルに変わっていく。そうやって3チームはレベルアップしていった。

私は仰星を卒業すると東海大学に進学し、卒業して仰星に戻ってきたが、その頃には、御所が全国大会の決勝戦に行き、京都成章が近畿大会で優勝するなど、両チームともしっかりと地力をつけていた。土井先生、竹田先生、湯浅先生からは指導者のエネルギーを強烈に感じた。毎年8月に行われる大分県の久住高原での合同合宿でも、最後はラグビー談議になる。それが翌日にかけての駆け引きだったりするので面白い。久住にも九州各県の2番手、3番手のチームが来て、みんなが「勝ちたい」という意欲にあふれていた。

土井先生の退任後も、同じように接してくださる竹田先生には感謝の念でいっぱいだ。いち監督として向き合い、育てていただいた。それは私の指導者としての成長に大きな影響があった。

前任者の真似をしただけの監督1年目

私がコーチ9年目の2012年秋、土井先生が心臓の手術をすることになり、秋の全国大会大阪予選は私が監督代行として臨むことになった。

フォワードのコーチとしてチームに関わるのと、監督ではまるで役割が違う。チームの状況にもよるが、多くの場合、監督は決断するのが仕事だ。コーチは、状況判断はするが決断はしない。決断の重さ、苦しさを感じたが、やるしかないと覚悟を決めた。しかし、決勝で常翔学園に負けてシーズンを終えることになる。

忸怩たる思いだった。

この年の常翔学園は高校レベルでは図抜けた強さを誇り、松井千士《ちひと》（東京サントリーサンゴリアス→横浜キヤノンイーグルス）をトライゲッターに全国制覇を果たした。

9年間のコーチ生活を経て教員生活10年目の２０１３年春、私は土井先生を引き継いでラグビー部の監督に就任した。

実は仰星のサッカー部も前年に監督が交代し、新しい監督の下で全国大会出場を決めていた。私は前年、監督代行として全国大会決勝で負けていたため、サッカー部の監督に「すごいね、全国大会に出られて」と話した。

すると、その監督に言われた。

「何を言っているのですか、我々は8年ぶりの全国大会ですよ。ラグビー部は毎年のように出ているじゃないですか」

ハッとした。いつのまにか、全国大会に出るのが当たり前のようになっていた。

８年をかけて積み重ねてきた指導者の言葉に、一年一年の大切さを痛感させられた。

２０１３年3月の全国高校選抜大会から正式に監督を引き継いだのだが、当初は、わからないことだらけだった。

ラグビー的には、戦況を読んだベンチワークが難しかった。選手を交代させるべきかどうか、悩むことも多かった。チーム的な要素では、年間のスケジューリングのその都度の見直しと修正をしなくてはいけない。夏合宿以降、秋の全国大会予選に向けて課題修正をすることには慣れていたが、監督として春から年間を見通すことが難しかった。

監督1年目、私は「べき論」に陥った。土井先生が話していたことを、そのまま真似していたのだ。指導の意味を理解しているふうを装い、なぜ、この練習をするのかといえば、「今まではこうだったから」と考えをまとめる。今思えば、うまくいかない最悪の思考回路である。

今まではこうだったけど、今年はこうだから、これとこれを合わせよう、ということを毎年やっていかなければならないのに、「仰星はこうあるべき」と言ってしまうのだ。

そして、痛感したのは、監督になると生徒と距離ができることだ。私自身はコーチ時代と何も変わらない。コーチ時代は、生徒の方から気になったことがあれば私に相談してくれた。でも、監督になると、彼らは距離を置くようになった。こんなことを監督に相談したら、試合に出してもらえないかもしれないと考えるのかもしれない。

選手との距離感への戸惑い

監督1年目は情熱のみで突っ走ったが、実は、選手との距離があった。そして、それに違和感があった。土井先生の下でラグビーをしようと思って入ってきた選手にとっては、最終学年で私が監督になったことになる。コーチとして接してはいたが、気持ちとして納得できない選手が多かっただろう。選手との距離感に、私は大いに戸惑った。

選手たちを、監督が変わったことで負けさせたくなかった。ただ、ひたすらに、その思いで突っ走った。

幸運にも2013年度のシーズンは、野中翔平《しょうへい》（花園近鉄ライナーズ）という歴代屈指のキャプテンがいて、池田悠希《ゆうき》（リコーブラックラムズ東京）、野口竜司《りゅうじ》（埼玉パナソニックワイルドナイツ）など、のちにトップレベルのチームで活躍する選手が揃っていた。

全国大会の大阪予選では、常翔学園を47－5で下し、全国大会でも順調に勝ち進み、準決勝で東福岡、決勝で桐蔭学園を下して、7大会ぶり3度目の優勝を飾った。決勝戦では、「お前がキーマンだ」と本人にも話した、ロックの西野晃太がインターセプトからトライするなど活躍してくれた。

この年に掲げたのは「だれからも愛されるチームになって優勝しよう」という

ことだった。決勝戦の朝、近鉄電車で事故があり、花園ラグビー場の最寄り駅である東花園行きの電車が動いていなかった。そこで、途中までJRで移動し、違う路線を使って花園ラグビー場から少し距離のある吉田駅を使った。

駅から降りて歩く道すがら、選手たちはまもなく決勝戦が始まるにもかかわらず、自主的にごみ拾いを始めた。何人かの選手がポケットにビニール袋を準備していた。それは、とても嬉しい光景だった。グラウンドと普段の生活がつながっていることを選手が実践してくれたことに、私は十分に満足だった。

しかし、監督としての私は未熟だった。負けなかったことはよかったのだが、優勝したことで、生徒との距離がさらに離れた気がしたのだ。

翌シーズンは、自分が3年間担任した学年が3年生になった。ラグビー部は全員が一つのクラスに集まっているわけではないが、大半が在籍するクラスを担当していた。

私は相変わらず「べき論」で語り、生徒との距離は離れたままだった。チームの強化はきちんとできているつもりだったが、全国高校大会の準々決勝で東福岡に、12－43という大敗を喫した。

振り返ると、すべて私の責任だと痛感する。監督1年目にパッションのみで優勝できたことで、色気が出たのかもしれない。大切にしないといけないのは日常の生活だったのに、ラグビーのスキル指導を優先させてしまった。

その前の2年は土井先生の教えがあったので、日常の大切さを知る3年生が、日常の大切さを知った上で、私の指導でラグビーに没頭した。だから勝ったということだったのかもしれない。

そして、私が監督1年目の2年生はラグビーに没頭する環境になったことで、部室の掃除、道具の片づけなどが細かく指摘されなくなっていた。表面上では日常の大切さを説いているようで、ラグビーと日常が地続きであることを伝えることができなかったのである。

選手に恵まれた監督3年目

監督3年目は眞野泰地《まのたいち》（東芝ブレイブルーパス東京）、岸岡智樹（クボタスピアーズ船橋・東京ベイ）という中心選手が3年生になったときだ。彼らは監督になったタイミングで入学してきた生徒たちだ。

チームは強く、近畿大会、全国高校選抜大会で優勝した。リーダーシップのある選手、スキルの高い選手が揃い、生徒に助けられた優勝だった。自分で考えることのできる生徒が多いチームだったが、それは私が意図的に作ったわけではなく、学校生活を丁寧に送ることのできる生徒が揃っていたからにほかならない。

岸岡は3年間をオール5で通すほど成績がよく、眞野やほかの中心選手たちも学業優秀だった。体格の小さな選手が多かったが、それを自覚してウェートトレーニングもコツコツ、粘り強く取り組んでいた。

日常生活の指摘をしなくても、しっかりとできる生徒が多い学年だった。そして、この学年には土井先生の娘さんがマネジャーとして在籍していた。

彼女は日常から土井先生が感じていたこと、高校ラグビーで大切なことを先生から聞いていたようだ。そんな生徒がチームの中にいたことも大きかった。道具の片づけが大事なことを知る生徒が、同じ仲間に指摘してくれたのだ。

私の指導は上からの垂直方向だったが、大切なことが生徒の中で水平方向に伝わっていっていた。そして、冬の花園（全国高校大会）でも優勝し、夏の全国7人制大会と合わせて、高校三冠に輝くことになった。いまでこそ、私は生徒に恵まれたことを感謝する。しかし、当時の私は、それらの結果を自分の手柄のように感じていた。

監督３年目の2015－2016シーズンは、選手にも恵まれて全国高校選抜大会、夏の全国７人制、そして冬の花園（全国高校大会）も制し、高校三冠に輝いた

第2章

垂直から水平方向の指導へ

退部者10人のなぜ？

高校三冠を取ったのだから、このチーム作りの方法で間違っていない。私は自信を深めていた。

だが、選手の感じ方は違っていた。三冠を取ったチームは成熟した3年生がいたからこそ、上から押しつける「垂直方向の指導」でも受け入れながらやってくれていたのだ。

しかし、次の学年はまた違うアプローチが必要だった。その年の春には35人の新入生が入ってきた。希望に胸膨らませて入って来てくれたはずだが、この学年は、合計で10人が退部することになる。私の指導者生活で、最もショックな出来事だった。

入学まもない4月あたりから、退部を申し出る選手が出てきた。その後も、2年生に上がるまでに少しずつ辞めていった。何が起こっているのかよくわからなかった。練習を見ていると、厳しい練習にすぐに音を上げる生徒がいる。私は「簡単にあきらめる子が多い」としか感じることができなかった。

この学年は、仰星の中等部が強くなり始めたころの学年で、全国大会に初めて出場していた。だから、ラグビーの基礎的なことを教える必要がなく、すぐにレベルの高い練習ができたのだが、中等部から上がってくる生徒の意識はまちまちだった。

本格的にラグビーで日本一を狙う選手もいれば、思い切りラグビーをするのは中学までで、高校では勉強をしっかりしたいという生徒もいた。ラグビーの能力としては、すぐにレギュラーになれるような生徒から、そうではない生徒まで幅があった。

このような幅のある状況では、本来、モチベーションをどう高めるかというところから手を付けなければいけなかったはずだ。しかし、その時の私は、仰星高校に入ってくるなら、日本一を目指すのは当たり前だし、これくらいの練習量は普通のことと考えていた。「この強度でやる練習は君には危ない」という言い方は、その生徒にも失礼だと思っていた。

仰星は中学生と高校生が同じグラウンドで一緒に練習している。ただし、中学生は最初の2時間で帰宅する。当然、その後の高校生だけの練習は強度が高くなる。仰星の中学生はそれを体験していない。高校に入って急に強度が上がると驚くことになる。

外部から入って来る選手は、日本一を狙うチームの練習が厳しいと覚悟を決めている。しかし、仰星中等部出身者の意識には幅があった。退部した10人のうち、外部から入ってきた生徒は4人、中等部から上がってきた生徒が6人いた。私の指導者生活で、これほどの退部者が出たのは、後にも先にもこの時だけだった。なぜだろうか？　何かがあるとは思いつつ、学校の授業、ラグビーの練習、大会への参加などに忙殺されて月日が流れた。

10人の退部者が出た一つ上の学年には、長田智希《おさだともき》（早稲田大学→埼玉パナソニックワイルドナイツ、ラグビーワールドカップ2023日本代表）がいた。この年は秋にグラウンドの人工芝化の工事が行われることになっていた。10月までグラウンドが使えないことがわかっていたので、チーム作りを急がなくてはいけないという焦りもあったのかもしれない。そのときは、なぜ辞めているのかを深く考え続けることをしなかった。

秋までは周辺の学校のグラウンドなどを借りて練習した。全国大会の大阪予選は勝ち抜き、全国大会へ出場を決める。

キャプテンは山田生真《いくま》（東海大学→コベルコ神戸スティーラーズ）。ロック庄司拓馬《たくま》（立命館大学→静岡ブルーレヴズ）、ナンバー8吉田大亮《だいすけ》（東海大学→横浜キヤノンイーグルス）、センター長田、ウイング根塚洸雅《こうが》（法政大学→クボタスピアーズ船橋・東京ベイ）、フルバック河瀬諒介《りょうすけ》（早稲田大学→東京サントリーサンゴリアス）がおり、トップチームで活躍できる才能を有したタレントが多かった。

全国大会も順調に勝ち進み、決勝戦に進出したが、仰星以上にポテンシャルの高い選手が多い東福岡に21－28と1トライ差で敗れた。

翌年は、長田がキャプテンを務めた。前年の準優勝を知る長田、河瀬が軸になり、全国大会では準決勝で前年に敗れた東福岡を、21－14で破ることができた。決勝戦では大阪桐蔭を27－20で破って、2大会ぶり5度目の優勝を飾った。しかし、なぜ退部者が大量に出たのかは、深くは考えず、答えも出ないままだった。

3人リーダー制の導入

10人が辞めた学年が最上級生になる年度が始まる直前の3月、学校の行事である研修旅行があった。

この引率を担当したとき、もっとこの学年のことを知ろうと思うようになった。10人が辞めてしまった学年なので、心の部分で疲弊していたり、悩みがあったりするのではないか。一つ上の学年が優勝したので、プレッシャーがあるのではないか。もっともっと、この子たちを知らなくてはいけないと思ったのだ。

旅行中は選手の普段着の姿が見えた。私が担任をしている学年ではなかったので、知らないことがたくさんあった。この選手は、ふだんはこんな風にクラスでリーダーシップをとるのだという気づきもあった。

チームは新しくなり、4月になって、いつも通り新入生を迎えた。その新入生のなかには、のちにキャプテンになる近藤翔耶《とわ》（東海大学）もいた。1年生たちに対しても、私は不安を抱えながら接していた。長田が卒業したあとは、今のままの指導法を変えないといけないと思っていたが、その答えはまだ見つかっていなかった。

このシーズンのキャプテンを務めたのは良田陸斗《よしだりくと》（立命館大学）だった。良田は周囲に対して思いやりのある生徒だった。それまでのキャプテンは、ぐいぐい前に出てチームを引っ張る生徒が多かったが、この学年は優勝することに対して自信がないように思えた。こういうときは思いやりのあるリーダーが必要なのではないかと考え、良田をキャプテンに指名した。

しかし、彼にとっては精神的な負担になってしまう。レギュラー争いもあり、悩んでしまったようだった。

チームの様子を見ながら、夏になってリーダーの役割分担を考えた。そこで、良田を「チームリーダー」に専念させ、「ゲームリーダー」という役割を作って、スタンドオフの坂原春光《さかはらはるひろ》（清水建設江東ブルーシャークス）を指名し、キャプテンを助けてやってほしいという話をした。良田には、「チームを勝たせることだけではなく、仰星というクラブがどうあるべきかを考えるのもリーダーの役目だ」という話をした。そして、翌年からは新たに「クラブリーダー」という役目も置くことになる。

チームを見る観点を振り分けることで一人ひとりの負担を減らす狙いだった。3人リーダー制が完全な形でスタートした年（2019年度）に入ってきた生徒たちが3年生で優勝することになるのだが、それは後述したい。

選手のよいところを探す指導に

私は近藤の学年のクラス担任をすることになり、ラグビー部の選手とも普段から顔を合わせるようになった。選手との距離は少し近づいた気がした。この時期は、選手を上から垂直に見るのではなく、水平方向から選手の意見を求めるようになっていった。

君たちは、どうしたいと思っている？　と、そう尋ねるのだ。3年生にすれば、これまで2年間の指導法と違うわけだが、劇的に変化したのではなく、私が心掛けた変化なので、変化を感じたのかどうかはわからない。

上から何かを教えるのではなく、選手の言葉、様子に意識を持って行くようになったのは間違いない。それまでは選手に、「こんなリーダーになってほしい」と求めるところがあったが、どうやったらこの選手は伸びるのか、何か伸びるところがないか、よいところを探すようになった。よいところの探し方が変わったといった方がいいかもしれない。

この年の3年生に堀田恒司《ほりたこうじ》というスタンドオフがいた。前年度の全国高校大会のメンバーにも入っていた選手だ。しかし、最上級生になった堀田は伸び悩んだ。2年生までは上級生ら周りの選手に生かされている部分が大きかった。しかし、3年生になって周囲に自分を生かしてくれる存在がいなくなると、少し事情が違ってきたようだった。

過去の私なら、前年度も試合に出ている選手だし、仰星のスタンドオフだからこれくらいやれて当たり前だろうという「べき論」で見て、厳しく当たっていたかもしれない。

だが、当時は私自身も私なりのラグビーを模索していた頃だった。チーム作りを急がず、いまいる選手たちがどうやったら生きるのか、伸びるのかということを考えながら、じっくりとチームを作った。その中で堀田も着実に成長してくれたと思う。

複雑に考えすぎた敗戦

この学年は、全国高校大会の大阪予選決勝で常翔学園に敗れた。ラグビー的な要素だけで語ると、その場にいる選手でどうするかという策を考えすぎたのだった。選手たちにとって消化不良だったかもしれない。「これとこれで勝負しよう」、そうして選手に策を落とし込もうとしたが、おそらく、その方法論の説得力が足りなかったようだ。

私にしては珍しくサインプレーもいくつか準備したが、相手と戦う前に、選手たちの気持ちが、そのサインプレーをするという行為にフォーカスしてしまったようだ。

相手の状況を見て、その局面で判断をするのではなく、ただそのオプションを遂行することに気持ちを向けてしまった。勝つための準備のつもりだったが、あとになって思えば複雑にしすぎていた。生徒と一緒に考えながらオプションを作っていったが、適切なアウトプットができないような、無理なインプットをしていたということだろう。もっとシンプルに戦い方を整理すべきだった。

この年の3年生には、のちに早稲田大学のロックとして活躍する前田知暉《ともき》がいた。大阪予選の決勝戦が早稲田大学の受験日と重なっていた。前年度の全国高校大会の秋田工業高校との試合では、ここぞという場面でトライをとったキーマンだった。

彼はラグビー勘のいい選手であり、試合に出られないのは痛かったが、彼にとっては大事な大学受験だったためやむを得ないことであった。チームとして快く送り出した。この受験日程は前々から分かっていたことなので、前田がいない戦い方を準備していた。しかし、それが吉と出なかったシーズンだった。

選手と一緒に作り上げることが大切だと気づいていながら、それを作り上げることができていなかったのである。

本来は、私がある程度のアウトラインを示し、その中で自分たちが選択できるようにしなくてはいけないのに、私は、選手に「どうする？」と聞くことが多くなっていた。選手からすれば、監督がもう少し決めてほしいと思っていただろう。やはり、私の中で10人の退部が影を落としていたということだったと思う。

教員から勝負師へ

次期シーズンは、松井翔《かける》（筑波大学）がキャプテンで、同学年には、のちに東海大学でキャプテンになる谷口宜顕《よしあき》、スタンドオフを務めた武藤ゆらぎがいた。近藤はじめ、2年生にも力のある選手が多く、多くの選手がレギュラーにくい込んできた。

だが、ほかの3年生もさらに伸びるかもしれないと考え、3年生を粘って起用し続けた。もっとドライに1年生でもよい選手を使う年もあるのだが、この年はいつも以上に3年生の成長を最後まで待っていた。2年生からすれば、自信があるのに試合に出られないもどかしさがあったかもしれない。

私の指導のスタンスは、8月くらいまでは教員として指導にあたり、夏合宿が終わって9月に入ったらチャンピオンシップをとる指導者になるというものだ。これは土井先生から受け継いだスタイルである。

2018年度は全国高校大会に出場することができなかったので、年末年始は福岡県宗像市のグローバルアリーナへ向かった。毎年、ゴールデンウィークに行われているサニックスワールドユース交流大会の予選会に参加するためだ。この予選会の勝者が交流大会に出場することができる。

交流大会はニュージーランド、南アフリカなど世界のラグビー強国の高校チームと戦えるチャンスがある。日本全国の高校生たち、世界中の高校生たちと同じ場所に宿泊して交流する機会は何物にも代えがたい。そして、もし本大会に出られなかったとしても、予選会には全国高校大会に行けなかった国内の強豪高校がやってくるので、次のシーズンに向けての準備としてよいスタートが切れるのだ。

通称「裏花園」。2019年1月1日~5日、全国から16チームが集って熱戦が繰り広げられた。仰星は準決勝で御所実業と戦い、7－22で敗れた。

しかし、近畿大会では準優勝し、近畿の2位として全国高校選抜大会出場を決めた。予選リーグは3戦全勝で決勝トーナメントに進出したが、準々決勝ではまたしても御所実業に14－26で負けた。そして、冬の全国高校大会準々決勝でも、御所実業に0－14で負けた。この1年は公式戦で御所実業に3連敗を喫したことになる。

大きな勘違い

いまでこそ、ラグビーに答えなんてないと言っているが、監督に就任した当初はこうあるべきだ、これが答えだと、大きな勘違いをしていた。

それによって、仰星でラグビーをするのだと思って入部しながら辞めざるを得なかった人たちがいたということだろう。私にとって一番の失敗といってもいいと思う。

しかし、以前は失敗とも気づかなかった。教員として、これが正しいんだという向き合い方自体が間違いだったかもしれない。

「かもしれない」と書いたのは、「こうだ」と向き合うことが必要なときもあるということだ。学校に来られなくなった生徒に対して、「来いよ、クラス楽しいぞ」と家庭訪問をすればするほど、「もう来ないでください、それがプレッシャーなので」と言われることもあった。

一方で、ここは様子を見たほうがいいと思って行かないでいると、「どうしてもっと来てくれなかったのですか」と言われる。その時の自分として、考え続けることはやらなければいけない。でも、これでいいのだと思い込むのは危険だ。いま自分はこうするべきだ、これが正しいのだと思い込むことは気をつけなくてはいけない。

ラグビーの試合に置き換えると、より多くの経験をしたうえで決断するほうが精度は高くなるということだ。「こんなこともある、あんなこともある」と提示して、「君たちはどう考えている？」と問いかけることは、やり続けないといけないと思っている。

「仰星はこうあるべきだ」ではなく、「仰星ではこんなことをやってきたけど、他に考えられることはないかな？」と生徒たちに問うことを、もっともっとやらなくてはいけないのだ。そうすることで、私自身のコーチングの幅も広がるし、生徒のグラウンドレベルでの判断基準も上がってくる。

情報をいっぱい持てば、捨てる力、絞る力が必要になる。情報を持てば持つほど、判断から実行、決断の時間が長くなる。それをいかに縮めていくかというスキルを磨かなくてはいけない。以前の私はこのプレーをしなくてはならないと示し、選手の思考を限定してしまっていた。それが、10人が辞めるきっかけになったと感じている。彼らが辞めたことを、「なぜなのか」と考え続けたことで得た結論だ。選手に気づかせてもらったということである。

近藤が1年生の頃から、選手に問いかけるスタンスをとり、2年目にそれが確信に変わった。このスタンスでも、選手たちは規律を保ちながら、自由に発想できる環境になっていくものなのだ。以前は私自身が、勝たなければ指導者としての評価が落ちていくと思っていた。浅はかだった。他者からの評価を気にしていたのだから。

第3章

試合中のノーサイド

感謝の晩御飯

多くの退部者が出たことについては、そのあとも考え続けた。教員として自分自身の力が足りなくてできないことがあるのに、それを素直に認められなかったのではないか？　監督1年目に優勝するなど好成績を残したことで自分の力を勘違いしたのではないか？　それは戦績だけであって、学校の教員として、一人の人間として、未熟であったのに強がっていたのではないか？

選手に自分の考えを押しつけていた。それが選手には苦痛だったのかもしれない。自分を客観視して、いまは丁寧にどんな状況かを見るのが下手だった。できないことはできない、自分は弱いと言うべきだった。もっと素直に自分ができていないことを認めなければいけなかった。それがようやくでき始めたのが、近藤翔耶が3年生になった頃だ。

近藤の学年のクラス担任でもあったので、3学年をともに歩んだ。生徒たちとの距離感がいい意味で近づいたのかもしれない。教員として経験を積み、家族を持って子供が成長したという状況もあったが、生徒とよく会話しながら過ごした3年間だった。

2020年になって、新型コロナウイルスの感染症が広がり始めた。そして、いわゆる「コロナ禍」に突入した。急激に事態が変化していった。

東海大大阪仰星高校も3月の終わりに一斉休校になった。当初は、すぐに解除されると思っていたが、想像以上に長引くことになる。学校に来ることができないのだから、部活動もできない。生徒は自宅待機になった。遠方から入学してきた生徒は、学校近くの寮に住んでいたが、そんな生徒たちもいったん帰宅させた。

3月の第一週目に全国高校選抜大会が中止になる連絡を受けた。何がなんだかわからないままに、どんどん生活が制約され、ラグビーどころではなくなっていった。

選手とは「ロイロノート」というアプリで連絡を取り合った。学校のIT化で生徒は全員タブレット端末を持っている。そこでラグビー部員に連絡事項を送信した。

コロナ禍で全国的にオンラインミーティングなどが広がったが、ロイロノートには動画も配信できる機能があった。グループ分けをし、各自が自宅でトレーニングをするように工夫し、オンラインでミーティングも行った。

グラウンドで集まって練習できないなら、何か別の方法で生徒が成長できる機会を作りたいと思った。そこで企画したのが、「感謝の晩御飯」だ。各自が自宅で家族のために晩御飯を作る企画である。

食材を購入、調理し、盛り付けて食卓に出す。戦略戦術を練り、自分が持っているスキルを使ってゲームを作るのと思考回路が同じだと思ったのだ。

学校は休校していたが、社会人の皆さんは自宅にいてオンラインで仕事をする人もいれば、勤めに出ている方もいた。休校で家にいるのであれば、何かしら家族の手伝いをしてもらいたかった。思考回路を鍛え、保護者の皆さんに感謝を伝えるための晩御飯企画だった。

やってみると、生徒たちが料理上手なのに驚いた。近藤のように、もともと料理が好きだった生徒もいたが、総じて上手に作っていた。最初は家の人に手伝ってもらって、買い物もお母さんと一緒に行っている生徒がいたが、ご家族と一緒に料理を作り、共同作業ができるというのもよかったようだ。

料理の写真と一緒にコメントも送ってもらうのだが、「お母さんが、どこに何が売っているかを把握していて買い物が早くて驚いた」「これを毎日作っているとは驚く」などの感想がつづられていて、家庭内でいろいろな発見があり、よい体験ができたようだ。

これは3週間に一回のペースで6回ほど行った。「鶏肉」など材料をテーマにしたものもあり、「春」という抽象的なテーマも出した。

私も参加して、春の時は、ベーコンを使ったミルク系のパスタを調理した。ベーコンが桜の花びらに見えるようにして、菜の花を入れて春を意識してみた。タケノコなど食材で春を表現した生徒もいれば、色合いで表現する子もいた。いろいろな感性が磨かれると感じた。思わぬ色彩豊かな食卓を作る生徒もいた。調味料に凝っている生徒もいて、思いがけずマメな部分を発見することもあった。生徒の性格が表れて面白かった。

マメな性格の選手はグラウンドでも基本スキルを丁寧にする。料理の企画はその後も折をみて行っている。

春にグラウンドを使って行うトレーニングがまったくできず、ラグビー的なチーム作りは完全に遅れたが、普段できない料理企画など、クラブとしての目標達成に向かってやれることがあるという、気づきがあった。

コロナ禍での全国大会

夏を過ぎ、全国的に部活動が再開され、9月になってベーシックな練習を再開することができた。練習グラウンドには、ラグビーができる時間を大切にしている生徒たちがいた。何気ないワンプレーを大切にして、丁寧にプレーしていた。一瞬一瞬を大事にする姿勢が伝わってきて、このチームは伸びると確信した。

他校と練習試合ができるようになると、9月21日、東福岡高校が関西に遠征してきて対戦できた。ボール争奪戦で優位に立ち、意図した攻撃をすることができて勝利した。自信の持てる内容だった。東福岡はこの敗戦をしっかり反省し、ディフェンスとボール争奪戦に時間を割いて練習したそうだ。

２０２０年度の全国高校大会は、第１００回という記念すべき大会だったが、コロナ禍ということもあってさまざまな制限があった。

全国大会では、控え選手も含めて1試合に登録できる選手は25人だ。加えて5人の計30人が選手登録をする。それ以外の部員は保護者などと一緒にスタンドで観戦するのが慣例だったが、１００回大会は無観客で行われ、関係者にも入場制限があり、選手、スタッフを含めて1チーム40人までしか会場入りできなかった。会場に行けない選手は、学校の視聴覚教室や旅館、ホテル、自宅などのテレビで応援しなければならなかった。

このほか、テレビ、新聞、雑誌、ＷＥＢ媒体などのメディアと選手の通路を分け、試合後の記者会見もグラウンド脇のテントの下で行い、必要最小限の監督、コーチ、選手が取材を受けた。

仰星は２回戦で佐賀工業、３回戦で長崎北陽台に勝利し、ベスト８に勝ち進んだ。東福岡もベスト８に進出。ここからはキャプテンによる抽選で対戦カードが決まる。

各キャプテンが番号の書かれたミニボールを箱の中から持ち出し、その番号で組み合わせを決めるのだ。仰星はライバルである東福岡と戦うことになった。

近藤キャプテンは東福岡との対戦が決まって嬉しかったそうだ。彼は中学の頃、全国高校大会を観戦し、東福岡と仰星の試合を見て、仰星に入学しようと決めたようだ。熱く戦っている高校生が輝いて見えたのだろう。

「勝ち上がって行ったら、どこかで当たる相手だし、今まで仰星が優勝しているときは東福岡に勝っていることが多い。僕らの学年は仰星と東福岡は特別な関係だと思っている選手が多い。そんな相手と花園で戦えるのが嬉しかったです」

私の選手時代にはなかった感覚だが、今の選手たちは東福岡を特別な目で見ている。第99回大会までの成績は次の通りだった。

・東福岡＝全国大会出場31回（優勝6回、準優勝3回）

・東海大大阪仰星＝出場20回（優勝5回、準優勝2回）

※その後、両チーム1回ずつ優勝を追加。

86回（2006年度）、91回（2011年度）、96回（2016年度）の3大会では決勝戦で対戦。93回から97回の5大会では、仰星、東福岡、仰星、東福岡、仰星という順番で優勝していた。

お互いに勝ったり負けたり、尊敬し合うチーム同士であり、私と藤田雄一郎監督も恩師から強豪チームを受け継ぐという同じ境遇で切磋琢磨してきた。

私は藤田監督を「雄一郎さん」と呼び、尊敬していた。面白くて、人情味があって、熱くて、厳しさ、鋭さもあった。97回大会までは優勝を分け合っていたが、98回大会は大阪桐蔭、99回大会は神奈川県の桐蔭学園が優勝し、仰星と東福岡は頂点に立てずにいた。

98回大会は大阪府予選の決勝で敗れ、99回大会は出場したものの、準々決勝で御所実業に0－14で敗れた。

この年の9月には勝っていたが、好敵手との対戦に私も選手たちも燃えていた。

18分のロスタイム

近藤は立派なキャプテンになっていた。

「1年生から恥ずかしくない行動を積み重ねないといけないと思っていました。3年生でキャプテンになったから生活態度を変えても、1、2年生のときにちゃんとしていなかったら、言葉に重みがなくなります。練習にベストを尽くす、学校生活でスキをなくす。それができれば、リーダーになったとき説得力を持って話をすることができます」

そんな考えを持ち、率先して規律正しい行動をするキャプテンだった。

2021年1月3日、東大阪市花園ラグビー場で準々決勝4試合が行われた。仰星と東福岡は第4試合（午後2時15分キックオフ）で戦った。

私は東福岡が最初の攻撃でキックを蹴り込んできたことに少し驚いた。果敢にボールを展開して攻めてくるのが東福岡のスタイルだからだ。このボールをキャッチした仰星はカウンターから攻め、ウイングの大畑亮太が攻め込んだが、ここはトライできなかった。

ようやく先制トライができたのは前半12分のことだ。この試合では本来はセンターの近藤をスタンドオフで起用していたが、その近藤の横に走り込んだナンバー8の倉橋歓太《かんた》がトライし、スクラムハーフの藤田海元《かげん》がゴールキックを決めて、7－0とする

前半20分を過ぎたあたりからは、東福岡の密集サイドの突進を受ける時間が増

えていく。９月の対戦時にフィジカルバトルで後れを取ったからこそ、ハードにトレーニングしてきた成果なのだろう。何度も何度も縦突進を繰り返してきた。仰星の選手たちもこれを懸命に止め続けたが、約６分間攻められたあと、トライを奪われた。前半は７－７の同点で終わった。

後半も白熱の攻防が続いた。後半６分、東福岡にサインプレーを決められ、１トライを奪われる。しかし、こうしたシチュエーションは何度もミーティングで話し合い、イメージしている。選手たちは慌てることなく、残り20分で２トライを返そうと反撃を始めた。

しかし、簡単なタックルミスからさらに１トライを奪われてしまう。点差は７－21の14点差。２トライ、２ゴールでも同点にしかならない。

ここから３トライをどうやって奪うか。私は選手を信じた。その後も拮抗した展開になったが、後半14分、攻め込まれて防戦一方になっていたとき、ボールを奪い取ることができた。チームでもっとも足の速い大畑が約70メートルを走り切ってトライを返す。ボールを奪ったときの動きもよく練習していた通りだった。そして、後半21分、さらにトライを追加し、ついに同点になる。

もし、観客が入っていれば大歓声が沸き上がっていただろう。例年、1月3日は大観衆でスタンドが埋まる。しかし、この日は静かだった。そんなスタジアムの中で、熱い戦いは続いた。両チーム一歩も引かずにボールを持って突進し、タックルし、戦い続ける。いつしか時間は30分をすぎ、ロスタイムに入った。

ケガなどでレフリーが試合を止めると時計も止まる。そして、止まっていた時間が30分を過ぎたときにプラスされるのだ。ロスタイムを経過すれば、ミスなどで試合が止まったときに試合終了の笛が鳴る。ラグビーはサッカーのように時間切れの笛は吹かれない。プレーが継続している間は戦い続ける。両チームはミスをせずに攻め合った。

後半31分から始まった東福岡の攻撃は約5分間も途切れなかった。仰星もよく守っていたが、東福岡のトライかと思われたシーンがあった。しかし、これはその前に反則があったとして認められなかった。後半38分には、東福岡がペナルティーゴールを狙うチャンスがあったのだが、一番上手なキッカーがケガで退場していたこともあってスクラムを選択してトライを狙ってきた。それでも仰星のディフェンスは集中力を保って止めた。

ロスタイム15分が経過しようとしていたとき、ナンバー8の倉橋が頭を強く打った。倉橋は大事な戦力で、ドクターの判断をあおいだが、少し様子を見たほうがいいという判断だった。もう時間がない。私は、彼の将来のことも考えて交代させることにした。もし、脳しんとうだった場合、後遺症などにつながる可能性もあるからだ。

交代で入ったのは3年生の宮本悟だった。高校2年生のとき、レギュラーになるのが難しいと感じて一度は退部を考えた選手だ。熱い男で必死に努力して這い上がってきた。宮本の出場でチームはさらに盛り上がった。

これは、試合後に聞いた話だが、この攻防の中で両チームの選手たちはお互いに声を掛け合っていたそうだ。

「がんばろうぜ」

「行こうぜ、仰星、楽しもう！」

「ここやぞ、東！」

笑顔になる選手もいて、試合を続けるのが楽しくなってきたらしいのだ。ロスタイム18分の激闘の末、ノーサイドの笛が鳴った。

ノーサイドは、イギリスの古いルール用語で、本来は「試合終了」という意味しかないのだが、日本ラグビーの先輩たちは「試合が終われば敵味方関係なく友情を育む」というラグビー精神を表す言葉として大切にしてきた。

そのことは近藤キャプテンも知っていた。そして、試合後、報道陣にこんなコメントを発した。

「30人で試合をしているように感じました。試合中にノーサイドが来ていた気がします」

その言葉はメディアの皆さんを感動させたようだ。私もその言葉を聞いて嬉しかった。身体をぶつけ合うことで、お互いに気持ちが通じ合ったのだろう。日本一を目指して切磋琢磨してきたライバルだからこそ、相手がどれほどの努力をしてきたかも感じることができた。そして、戦いぬいた末に勝敗を超えた友情が芽生えたのだ。

この学年は「真の紺色」というものを追い求めてきた。クラブの理念でもある言葉だが、私は、改めてその意味が分かった気がした。味方、相手チームに関係なく、フィールドに立った人間と一心不乱にラグビーをする。それが仰星の根幹なのだ。クラブの理念、目標として掲げた「真の紺色」は少し見えたのかもしれない。近藤キャプテンの言葉は、教員冥利に尽きる言葉だった。

高校ラグビーに延長戦はない。これは安全対策で19歳以下の国際ルールとして定められているものだ。トライ数、ゴール数などで次の試合に進出できるチームを決める方法があるが、このときはそれも同じだった。先制点などで次の試合に行ける権利を決める大会もある。しかし、花園ではキャプテンによる抽選が採用されている。

準決勝への「出場権アリ」の紙を引いたのは東福岡だった。仰星は負けずに姿を消すことになった。雄一郎さんとはがっちり握手した。「すまん」という言葉が耳に残っている。

友情の証、東福岡高から届いた記念Tシャツ

東福岡と引き分けた夜、ミーティングをして試合の反省点をチェックした。そこから新チームの強化が始まるからだ。試合の振り返りは3時間半ほどかかった。疲れていてもその日のうちにやっておくことが大事だ。1、2年生は、ここで尊敬する3年生でもこれだけの判断ミスをすることを知る。1、2年生の目の色が変わっていく。

引き分け試合の反響は想像を超えるものだった。たくさんの人から感動したと

いう言葉をかけていただき、負けても意味のある試合ができたと感じた。

この試合については、今でもいろいろな場所で話題になるし、おそらく、あんなことは一生のうちに二度とないかもしれない。それくらい素敵な出来事だった。

そして、過去を振り返って思うのだ。もしかしたら、これまで一番勝ちたかったのは私だったのかもしれない。生徒たちにはその思いを押しつけていた。今の私は「勝つ」と決めている。そんな気持ちになった延長線上に、この引き分けがあった。

近藤キャプテンの「試合中にノーサイドが来ている気がした」という言葉は、彼がラグビーの本質に触れたということでもあるのかもしれない。そんな感覚になれたのは、真剣にラグビーに向き合ったからこそなのだ。

仰星のラグビー文化は土井先生が作り上げてこられたものだ。それは、二代目になると薄れる。改めて見つめ直し、生徒自身が掲げた「真の紺色」とは何かを求めて過ごしたシーズンだった。仰星高校ラグビー部がなぜ存在しているのかを

2021年１月3日、東大阪市花園ラグビー場での準々決勝、東福岡との１戦は歴史的な戦いになった。両チーム一歩も引かず、ボールを持っては突進し、タックルし、戦い続けた。いつしか時間は30分をすぎ、ロスタイムへ――。ラグビーの魅力が凝縮されていた

もう一度考え直した。選手たちが「真の紺色」という言葉にしたのは、この学年のスタート時点だった。もしかすると、この言葉を掲げた時点でストーリーは完結していたのかもしれない。

そして、その言葉が表現されたのが花園の舞台だった。卒部式のとき、1学年下の女子マネジャーが言った。

「いろんな個性がありすぎる学年でしたけど、みなさんが入り交じった色が、真の紺色だったと思います」

この1年間の答えだった気がする。後日、東福岡高校から記念のTシャツが届いた。卒部式では、3年生全員にプレゼントすることができた。

その胸には「LOSS TIME 18 NOSIDE」と書かれていた。

第4章

ラグビーをプレーする

チームのゆるみを感じた小さな出来事

2020年度の日本一への挑戦は、尊敬するライバルである東福岡高校と引き分けて終わった。抽選で準決勝に進めず、負けずに大会から姿を消した。負けなかったのだが、乗り越えられなかったことはたしかだ。この反省をもとに、再び日本一を目指していかなくてはいけない。

2021年度の学年はラグビーの能力に優れ、身体的な能力もよいものを持っている選手が揃っていた。プレーの再現性も高く、全国大会での戦績は2年連続でベスト8。その舞台での経験は得難いもので、チームの目標である日本一に向かって気を引き締めて行けば、十分に可能性のあるチームだった。前年の東福岡との引き分けで再認識したのはディフェンスの重要性だ。ディフェンスとタックルという、仰星のスタンダードにあらためて目を向けた。一人でビッグタックルをするのではなく、全員でボールを奪いに行く。そういう意識を高めた。

しかし、チームのスタート時、ある出来事で選手と私の関係に一瞬、緊張が走ったことがあった。

それが、「おもちゃのバット事件」だ。ある日、部室をのぞくと、おもちゃのカラーバットとゴムの野球ボールが転がっていた。前年度の課題を修正していこうと誓ってスタートを切った新チームなのに、部室におもちゃのバットとボールが転がっていたのである。

遊んでいて、誰かがうっかり片付けるのを忘れたのかもしれない。そう思って何も言わないこともできたのだが、私は、ここにチームのゆるみを感じた。選手たちはすでにグラウンドに出ていた。私は練習前に選手を集合させ、バットとボールを目の前に置いて、「野球がやりたいのなら、どうぞ。倉庫にあるラグビーの道具はいっさい使わないでください」と言って帰った。

私のところに何人かの部員が来て、「練習をさせてください」と言った。そこで私は、そんなに練習がしたいのなら、どんな練習をしたいのか、考えるように促した。3日、4日と、何度かやり取りをした。ケガがあってはいけないので、グラウンドには行って練習を見守ったが、練習内容にはいっさい口出ししなかった。選手たちは、それぞれの練習の意味を私に伝えながら練習を進めた。

グラウンドだけのことを考えるのではなく、「どこが足りなかったのかを考えたらどうか」と伝えた。

「本当のチャンピオンを狙うのか、単純に部活動を楽しむレベルなのか、そこをはっきりさせなさい」と話した。「君たちがどうしたいかだ。日本一になりたいのであれば、そのための練習を考えなさい」と。

すると、選手たちは「日本一になりたいです」と言ってきた。では、その準備を始めようということでスタートしたシーズンだった。

読者のみなさんは、バットとボールが部室に置いてあることを些細なことに感じるかもしれない。みんなで集まってレクリエーションで野球をするのは悪いことではない。しかし、これは大事なことであると私は思う。選手に本当に優勝したいという気持ちがあるのなら、こんなものは転がっていないはずである。

レクリエーションで遊ぶ道具が、平気で部室の床に転がっているような雰囲気が作られているのは間違っていると思う。部室の整理整頓がされていないということでもある。練習が始まる前だから、部室には全員が入っている。誰も片付けようとせず、そのままにしてグラウンドに出ている。目配り、気配り、心配りができない人間は、グラウンドでも細かなことに気づかない。それは勝敗に直結する大事な要素なのだ。

結果的には、この件でチームに緊張感が出て、よいスタートを切ることができた。

遊び心を持って戦えばよい結果が生まれる

この年のチームは、もともとディフェンスが得意な選手が多かったので、ここは重視しつつも過度に時間をかけなかった。チーム作りとしては、ボールをどう運んでいくとか、このラインの構成はどんな意味があるのかなどに重きを置いて強化することができた。

実は、薄田周希《うすだしゅうき》が1年生の頃の3年生に、谷口宜顕《よしあき》、武藤ゆらぎ（ともに卒業後は東海大学）といった才能ある選手がいたのだが、このシーズンは座学が多かった。

「このことについて、みんなはどう考える？」

授業のような教え方が多かった。なぜそうしたかといえば、グラウンドレベルでいろいろ話しても、生徒の顔に疑問符があるような気がして、会話にならないことが多かったからだ。意図的に変えてみたシーズンだった。

それまでは座学で、「うちのラグビーはこうだから、こう攻める」という話をしていた。だが、それを選手と同じ目線に立った指導法に変えていったのだ。結果的にこのシーズンは、全国のベスト8で負けてしまうのだが、私自身が指導法を変えていっているときで、選手たちにもそれがスタンダードになっていった。

そこから上乗せしていたので、薄田の学年が最上級生になったときは、何かの精度を上げるというよりも、幅を広げ、深く掘っていくことができた。選手の考え方や思っていることを引き出す2年間を送ったので、わかっていないこと、わかっていることが明確だったと思う。

春の課題はキックだった。攻撃、守備に関しては深まっていたが、陣取り合戦の要素で春は勝とうとしていた。しかし、負けないために必要なことが足りていなかった。そこで、春から夏にかけては、キック合戦に重きをおいた。

このチームは、7人制ラグビーでも力があった。大阪予選を勝ち抜き、7月に菅平高原（長野県）で行われる全国高校7人制ラグビー大会に参加した。

7人制ラグビー大会の登録メンバーは12人だ。このときも、12人の出場メンバーとバックアップ2人で菅平に向かった。2年生には増山将《ますやまたすく》（筑波大学）、大畑咲太《しょうた》（立教大学）という足の速い選手がいたが、この2人を全国大会には連れて行かなかった。

大阪予選のときにケガをしていて、彼らを抜きで大阪予選を突破したが、ケガさえ治れば彼らがメンバーに入ってくることは誰もが疑わなかっただろう。しかし、二人は当時プレー面で我が強いタイプだった。私は7人制も組織で戦うことに重きを置いている。

「お前たちは連れて行かない。自分が目立ちたい、自分がレギュラーを取りたい、その気持ちは大事だし、パフォーマンスも悪くない。でも、予選を勝ち抜いたメンバーがいる。そのメンバーで今年は臨みたい」

二人とも悔しそうだったし、増山は日本ラグビー協会のセブンズアカデミーにも入っていた。「なぜ?」という気持ちが強かっただろう。しかし、その悔しさがその後の二人の成長につながった。増山はその後、見事なチームマンになった。選手を選ぶ、選ばないタイミングや、メンバー編成も大事だと再認識する出来事だった。

全国7人制大会は、3年生の山添桐羽《やまぞえとわ》がウイングとして出場することになった。

菅平での大会が始まると、勝ち進んではいるのだが、メンバーの動きが硬い。

２日目が終わり、翌日の対戦相手が東福岡と決まると、選手の表情がさらに硬くなった。私は何か彼らをリラックスさせることが必要だと考えた。その夜、コンビニエンスストアに立ち寄ると、トランプを売っていた。よい案を思いつき、購入して宿に帰ったのだ。

私はホワイトボードに「遊び心」と書いて、「今からババ抜きをします」と宣言し、ババ抜きを始めた。プレー（ＰＬＡＹ）という言葉にはいろいろな意味がある。スポーツをプレーする、演じる、賭け事に興じる、録音したものを再生する。つまり、即興も必要だし、駆け引きも、楽しむことも、再現性も必要なのだ。

ラグビーをプレーするということはどういうことなのだろうか。薄田が1年生のとき、コロナ禍で「プレーについて調べよう」という試みをしたことがある。それをみんなに思い出してもらって、ババ抜きをした。

ババを持っているけれど、持っていないふりをしたり、相手に引かせたり、遊び心を持ってやろうということでやってみた。山添がババを持っているとき、彼の手がぷるぷる震えていたのは面白かった。

「お前、それやったら、バレるやろ」とみんなで大笑いした。翌日は準決勝から始まるが、ババ抜きでミーティングを終えた。

「明日、この気持ちでやれば、ぜったいに負けないからな」

翌日の準決勝では、山添がいつもと違うプレーをした。足の速さに自信のある山添はトップスピードで行けるところまで行くことが多かった。ところが東福岡を相手にした山添は、ターンオーバーしたボールを持って一気に走ったかと思うと、急ブレーキをかけて横の選手にパスをした。今までそんなことができる選手ではなかった。

動きが硬かったのは、春の選抜大会準決勝で東福岡に敗れたことで、7人制大会では勝たなければならないと思い詰めていたのだろう。準決勝で東福岡に勝つと、決勝でも國學院栃木に勝って優勝することができた。勝たなければいけない、という気持ちになるのではなく、いろいろな発想を持って余裕を持ってやればよい結果がついてくることを、選手たちに気づかせることができた。

勝った日の夜、生徒たちとご飯を食べた。

「やり切って、美味しいご飯を食べよう。そのためには遊び心やな」

そんな話をしていたので、より一層美味しく、楽しい夕食になった。

〝論文〟が勝利につながる

この代を率いた薄田キャプテンは、リーダーシップのある生徒だった。ラグビーでの気性は激しく、タックルはバシバシと入るが、普段は優しい性格だった。

薄田の兄は、仰星高校の野球部に所属していて人格者だった。大衆銭湯を営むお父さんが野球部の応援によくいらっしゃっていたのだが、気遣いのできる人で、野球部で出たゴミを「これ、持って帰りますね」とサッと持って帰ってくれるような方だった。

弟もきっといい人間だろうと思い、田島中学時代の薄田に声をかけた。思っていた通り、しっかりとして優しい男だった。

この学年には、野中健吾がいて、野中をゲームリーダーにしていた。彼はラグビーに対する造詣が深いからだ。

野中は卒業後、早稲田大学に進学したが、兄が筑波大学だったこともあって、筑波大学も受験した。筑波大学の推薦入試は併願も可能だ。早稲田大学の自己推薦入試も同時に受けることになった。

筑波大学体育学群の入試は論文なのだが、先輩のスクラムハーフ松井翔《かける》は論文を「リーダー論」で書いて合格した。動作解析、戦術の分析などで論文を書く受験生が多いそうだが、松井は歴代の仰星のキャプテンにインタビューをして、秀逸な論文を書き上げた。野中は、「仰星と東福岡の対戦の分析をして論文を書きます」と言ってきた。

仰星が勝った2試合、負けた2試合、引き分け1試合の計5試合を分析するものだ。自分一人ではデータ収集が膨大な量になってしまうので、同学年の部員に依頼して、野中が欲しい数字を手分けしてデータ収集することになった。

必然的にみんなが東福岡の映像を、比較しながら見ることになった。

数字の分析は担当を振り分けたので、選手たちがそれぞれの数字を持ち寄ってディスカッションをした。ゲームリーダーである野中がそうした論文を書くことで、チーム全体のラグビーの造詣がさらに深まるという効果があった。野中は攻撃の意図、攻撃の幅、インプレーの時間、セットプレーの回数、いろいろ定義したうえで勝因、敗因を分析した論文を提出した。最終的に早稲田大学に進学することになったが、全員が両チームの対戦を分析したことが、その年の冬の全国大会準々決勝での東福岡戦勝利につながった。野中がゲームリーダーとして深い知識を得たことで、キャプテンの薄田は日本一のチームを作ることに集中できたのである。

この学年のラインアウトリーダーは、楠田知己《ともき》だったのだが、６月に足を骨折してしまう。完全に出遅れたが、その代わりに、奥平一磨呂《おくひらいちまろ》、大原功泰《のりやす》が一気に成長した。おかげで、FW第二列のロック3人が全員高校日本代表に選ばれてもおかしくないような選手に成長してくれた。

本来は大原をナンバー8にして、薄田はFW第三列のフランカーでの起用を考えていたのだが、楠田の怪我で大原をロックにあげなくてはいけなくなった。そこで救世主のように出てきたのが2年生の松沼寛治《かんじ》（早稲田大学）だ。松沼をフランカーに入れることができて、薄田をナンバー8に持って行くことができた。巡り合わせがよい学年だった。

この代は普段の生活も丁寧だった。性格的には、豪快、アバウト、けんかっ早いと、いろいろだったが、スタンドオフの吉本大悟のように修行僧のようにラグビーを探究するタイプもいた。ラグビーをマニアックに考える野中がいて、御池《おいけ》蓮二《れんじ》のようにクラブというものは何かを考えぬいてくれたリーダーもいた。足りない部分も多々あったが、それぞれの役目に丁寧に取り組んで成長した学年だった。

どういうクラブになって、チャンピオンを目指すのかというところにフォーカスして取り組むことができた。ラグビー的な要素よりも、そういったことを大切にできたことが、頂点にたどり着いたもっとも大きな要因だったと思う。

仰星の栄光も無念さも見てきた選手たち

薄田の学年は中等部から22人が上がってきたのだが、外部からも20人以上の受験希望者がいた。これは珍しいことだった。仰星の中等部が強くてその選手たちが高校に上がると、そこに行ってもレギュラーになれないと思って敬遠されるからだ。しかし、この学年は「僕は仰星で日本一になるのだ」という気持ちで来てくれる生徒が多かった。

蒲田の同期は長田の代の優勝を見て仰星に決めている生徒が多かった。長田の代の優勝のとき、中学３年生はもう進路を決めているので、そのときの中学２年生が実質的に優勝を見て仰星に決めた代になる。

彼らはその翌年、実際の受験の年に仰星が花園に出られなかったのも見ている。それでも、受験を決めてくれた。そう考えると、優勝も見た、出ないところも見た、仰星にもこんなことがあるのだと目の当たりにして入学してくるので、本当にしっかりやらないと花園に出られないという自覚も生まれる。

中等部から上がってきた選手も、中俊一朗《なかしゅんいちろう》や野中など才能あるメンバーがいて、バランスが整っていた。

中心選手になった奥平は名古屋からやって来た。奥平は兄が天理大学で、仰星の卒業生の谷口祐一郎と同級生だった。谷口の人間性がよいので、兄が弟に仰星を勧めてくれたそうだ。吉田琉生《るい》もそうだ。兄が東海大学ラグビー部で、そこで仰星の卒業生と出会い勧めてくれた。よい選手が入って来てくれるのは、卒業生が進路先で活躍し、周囲の人によい影響を与えてくれているからだ。私も彼らの恩恵にあずかっているわけだ。本当にありがたいと思う。

薄田の代は非常にディフェンスのよいチームになったことで、攻撃のことをよく考えることができた。自分たちがいいと思った攻撃ができると、それをどうディフェンスするかを考えることができるチームだった。

発想力も高かったが、なによりラグビーの根幹であるコンタクトが強かった。1年生の頃から積み重ねてきた身体作りのトレーニングの成果である。一人ひとりが本当によくトレーニングしていた。

全国高校大会は、西のAシードとして出場した。前年、ベスト8で終わったチームでは、攻撃の要になるスタンドオフが最後まで定まらなかったところがある。東福岡との準々決勝では本来はセンターの近藤翔耶をスタンドオフにしたほどだ。

次のチームのスタンドオフを誰が務めるのか、秋まで定まらなかったが、最終的にレギュラーポジションをつかんだのは吉本大悟だった。吉本はキック力があり、彼の存在で地域獲得がやりやすくなったが、同時に体を張る選手でタックルが強かった。10番が決まったことで、チームに安定感が出てきた。

2回戦で光泉カトリックを48－0で下すと、3回戦では報徳学園と対戦（2022年1月1日）。報徳学園は2年生の海老澤琥珀《えびさわこはく》（明治大学）らスピードある選手が数人いて、彼らを軸に攻撃を組み立てていた。この試合ではその選手たちにプレッシャーをかけるディフェンスシステムがうまく機能した。

例年、複数のディフェンスシステムを準備するのだが、このときは中心選手を止めるためのシステムを採用し、試合前日に確認する練習を重ねた。急に新しいシステムを持ち込んでもできないので、それまでにさまざまなディフェンスシステムを練習しておいて、最後にそのいずれかを採用するのが重要だ。そして、33－0で勝つことができた。一人でも迷いがあれば勝てない。全員にそのシステムでいけると信じさせることが肝心だった。

監督就任9年目で4回目の優勝

準々決勝（1月3日）は同じ大阪の常翔学園と戦い、45－7で勝利して勢いに乗った。１月５日の準決勝では東福岡と対戦した（２０２２年１月５日）。

前年に引き分け、抽選で先に進めなかったこともあって、生徒たちはかなり意識していたようだ。また、春の選抜大会でも８トライ、46点を奪われて負けている。フィジカルで圧倒される敗戦だった。この負けがあったからこそ、身体作りに力を入れた。それもただ身体を大きくするのではなく、適切な使い方を覚えた。

キックオフ直後にいきなりトライを奪われる展開になった。直後にもラインアウトのモールからトライされて、開始５分で10－０になった。しかし、試合前日に私は「２トライは取られるぞ」という話をしていた。

私は高校ラグビーの60分という試合時間では、力の拮抗した者同士が戦うと、トライ数は、３本対３本になると考えている。前年の東福岡との引き分けはまさにそうだった。つまり、勝つためには４つのトライを取り、４つ目のトライを許さないことが重要となる。

あらかじめ、２トライを取られると言っておくことで、選手も安心するし、心の準備ができる。ラグビーとはそういうものだと理解させておくことが大事だ。あらかじめその話をしておいたことで、選手たちは慌てることなく逆転し、最終的には42－22で勝つことができた。優勝候補だった東福岡に勝てたことは自信になった。

決勝戦の相手は、初めての決勝進出となった國學院栃木だった。この年の國學院栃木は準決勝で桐蔭学園を破って勝ち上がったが、これは両者の対戦が多く、國學院栃木が戦いなれている部分が垣間見えた。

また、桐蔭学園のトライゲッターである矢崎由高《よしたか》選手が走れないようなディフェンスシステムを敷いていた。そのシステムが準決勝でよく分析できたことで、攻略する方法を準備することができた。それを再現できる10番（吉本）、12番（中）、13番（野中）もいた。走力ある矢崎選手を封じるディフェンスシステムのさらに外側を攻めることができる増山という俊足選手がいたことも大きく、攻略することができた。しかも、相手は初めての決勝進出ということで気負っていた。幸運な面もある優勝だったと思う。

監督就任９年目で４回目の優勝だったが、日本一から３年遠ざかっており、感慨深いものがあった。春からの歩みを振り返ると、新人戦のとき、いつも応援してくださっている数学の浅野賢一先生に言われた言葉が大きかった。

「ラグビー偏差値では生徒は湯浅先生にかなわない。だから生徒たちは間違ってはいけない、正しいことを言わないといけないと思っているのではありませんか？その時の最適解を言い出せない状況にしているのではないですか？」

浅野先生にそう言われてから、練習の意図やヒントを与える割合を、４分の３から、３分の２まで減らした。生徒たちが模索し、何かを感じ取る割合を増やしたのだ。

全国大会で登録できるのは30人の選手だが、この年の３年生は38人いたので、３年生でも確実に登録メンバーから外れる生徒が出てくる。そうした中で生徒同士が腹を割って話し合い、結束力の強いチームになり、最後は各自が役割をまっとうしてくれた。全国大会では試合に出ないメンバーが、対戦するかもしれないチームを、事細かに丁寧に分析してくれた。私は気づいたことだけをアドバイスすればよかった。分析力のある選手たちだった。

勝ち切るチームを作る上で大事なこと

垂直から水平方向の指導に気持ちを向けてから3年を過ごしたが、水平方向の指導だけでもよくないことが見えてきた。ときどき、垂直方向の指導も入れないと、生徒たちが勘違いしてしまう。自分たちでチームを作るのは大事なのだが、本当にこれでいいのか？　という、批判的な思考でものを見ることをやめてしまうのだ。

疑問を持つ人間が交ざっていないと、これで行ける、大丈夫と思ってしまう。それもいいけど、これもあるかもしれない。こっちも準備をしておこう。そういう思考が、接戦をものにし、勝ち切るチームを作るためには大切なのだ。

上級生が残してくれたものを、さらに後輩たちにどう残していくか。これを考えることが、勝ちに向かうことよりも大切だ。

近藤の代が「真の紺色を求めて」を掲げて1年を過ごし、薄田の代はそれを考え抜いた上で、「不朽の仰星」を掲げた。

朽ちることなく後世に語り継がれるチームになろうということだった。人間、組織とは、どんなものなのか？　ということを投げかけることができる代だった。

人としての関わり方を大切にすることができた学年だからこそ、どういう人間、どういう学年、どういうクラブになって、チャンピオンを目指すのかというところにこだわれたのが勝因だと思っている。

この2年は生徒自身が考え抜いて、「仰星はこうだ」とクラブの文化を作り上げていく、大きな一歩を踏み出した代だった。

3年間の私自身のスタンスは、「お前たちどうするんだ？」だったが、「僕たちはこうします」と反映されるようになった。

浸透させるための3年間を過ごした人たちが残したものがあったから、次の1年を積み重ねて優勝するという、クラブとしてもチームとしても、一つステージを上げることができたのかもしれない。私の感覚もこれまでの優勝と違っていた。彼らが作り上げた優勝だと感じたのだ。そこが一番嬉しかった。

第5章

26年ぶりの敗退

2023年1月29日の決意

2023年1月29日、東大阪市花園ラグビー場第2グラウンドで行われた大阪府の高校新人大会決勝で、東海大大阪仰星高校は、大阪朝鮮高級学校に敗れた。スコアは、12－17。大阪の新人大会で敗れるということは、その後に行われる近畿高校大会への出場ができなくなる。大阪府で長らく上位の座を守ってきた東海大大阪仰星高校にとって、近畿大会を逃すのは実に26年ぶりのことだった。

私が高校1年生だった1997年に近畿大会に出場したところから連続出場が始まった。その後、私は選手、コーチ、監督として長らく仰星高校に関わってきたが、初めて近畿大会を逃した。私の「初めて」が、監督生活10年目のタイミングで訪れた。指導者として長らく試行錯誤して、さまざまなことに気づけたと思っていたにもかかわらず、26年ぶりのことが起きたのである。

しかし私は、このタイミングで初めてがあるのなら、まだまだいろいろなことを経験できるのではないかと前を向くことにした。ここからが私の指導者としてのスタートだと思いを新たにした。それが、2023年の1月29日だった。

この日、負ける予感はあった。話は2022年の桐蔭学園戦にさかのぼる。桐蔭学園は2022年秋、神奈川県予選決勝で東海大相模に敗れた。全国大会出場ができなかったことで、12月に1、2年生で関西遠征をし、仰星のグラウンドに試合をしに来た。仰星の2年生は全国大会の登録メンバーに入っていた選手が数人抜けた状態だったが、残ったメンバーで試合をし、50得点されて大敗したのである。

2023年の新人戦を前に、私は、「もし、昨年12月の敗戦は全国大会に出ていたメンバーがいなかったから仕方ないと思っているようだったら、新人戦の大阪朝高戦もあぶないぞ」と話した。マインドの部分が足りていないと感じたからだ。

新人戦の敗因ははっきりしていた。新チームになり、ボールを大きく動かすラグビーを志向しようとしていたのだが、パスの能力がそれほど高くないチームだったので、最初は意図的にコンタクトの部分の強化からスタートした。

ボールを動かすための練習ばかりすると、ボールを大きく動かすイメージが先行しそうだったからだが、そういうチーム作りをしたためか、大阪朝高との試合ではコンタクトが強い相手の土俵で戦ってしまった。ディフェンスのいないところにボールを動かすことができなかったのだ。私自身の現状認識が甘かったということだ。

心を震わせるゲームをやろう

例年、全国高校大会に出場した年は、負けた日から次のチーム作りを始める。

2023年1月3日の準々決勝では報徳学園に21－31で敗れた。3年生が残してくれた全国大会の空気感などを継承するため、翌日から新チームの練習を始めた。

2022年度のチームは、3年生がいなくなってからファーストジャージを着た選手が多かった。実は２０２２年11月、当時の2年生たちに「２カ月後には新人戦があって、自分たちで近畿大会への切符をつかみにいかなくてはいけない。まだ、そこに追いついていないぞ」という話をしていた。そのあとに桐蔭学園との練習試合があったのだが、11月に懸念されたことが乗り越えられなかったということだ。

２０２３年度の3年生は中等部から27人が上がってきた。これだけの人数が高校に上がってくる学年は少ない。外部の中学から受験して、ラグビー部の門をたたいてくれたのは16人。内部進学の生徒が多いため、リクルートに積極的に動くこともなかった。そのため、身体の小さい選手が多く、一生懸命考え、身体を張って戦うチーム作りが必要だった。新人戦で大阪朝高に負けたとき、私はすぐに今後の準備について考えた。

私は選手たちにある試合の映像を見せた。私自身が観戦していて心震わせた試合だ。１９９８年度の全国高校ラグビー大会の決勝戦である。この年の大阪のチームは強く、啓光学園高校（現・啓光常翔学園高校）と大阪工大高校（現・常翔学園）が全国大会の決勝戦でもぶつかった。

啓光学園は、キックオフでいきなりフランカーの竹中康友さんが、ドカンとタックルを決めた。大阪工大高のバックス陣がパスをまわすと、啓光のセンター陣が激しく前に出て次々にタックルを決めた。最初の数分間で私の気持ちは奮い立った。

「これが全国大会か」「決勝はこんなにすごいのか」「勝つために体を張るというのはこのレベルのことなのか」

花園ラグビー場のメインスタンドのまん中で試合を見ていた私は、両校の激しいぶつかり合いに圧倒された。

私は、「僕が心震えた試合はこれだ」と、選手たちに映像を送った。「試験明けには、心震えたゲームがないか？　と質問する」とも伝えた。「今年は誰かの心を震わせるラグビーをやろう」と生徒間で話し合ってもらいたかったのだ。

学年末試験明けから80日の流れも選手たちに示した。春の大阪での春季大会の順位決定トーナメント1回戦までの流れだ。ここを勝ち抜かないと、上位のトーナメントに入れない。1位を決める順位決定戦に行くことはできないのだ。そこで、「卒部式が終われば、2年生がリーダーとなる。1年生は上級生になる準備と成長をしてください。私の想像をはるかに超える君たちの成長に期待しています」と選手たちに伝えた。

練習で心が震えなかったら、人の心を震わせることはできない。だから、練習からやっていこうという気持ちになってほしかった。期待通り、グラウンドの雰囲気は、近畿大会に出場できないことを感じさせない気持ちのこもったものになった。

3月17日、長らくライバル関係にある東福岡高校と練習試合をした。新人戦が終わった2日後くらいに、藤田雄一郎監督から電話があったからだ。

「元気か？　今年は（練習試合を）やろう」

「元気ですよ。わくわくしてるんですよ」

全国選抜大会に出場できないことで、全国の上位クラスのチームとの公式戦がないのは強化にとって痛手だった。

藤田監督は、東福岡高校という強豪チームを、前任の谷崎監督から引き継いだところなど、私と共通点が多く、何かと気にかけてくださっている。このときもそうだった。近畿大会に出場できなかったことを気にかけてくれたのだ。選手たちと一緒にフェリーで、わざわざ大阪まで来てくれた。

この試合はファーストジャージで戦うことにした。藤田監督には「先に言っておいてくれよ」と叱られたが、事前に言わずに敬意を表したかったのだ。この試合は、その後の強化を考えると非常に大きかった。

選手たちにとっては、我々のことを心配して来てくれたという感謝の気持ちを持つことができたし、自分たちのOB、OGが東福岡との関係を構築してきた歴史があったからこそ実現したと感じることができただろう。先輩たちの恩恵を受けてはいるが、それをつかむのも自分たち次第なのだということがよくわかったはずだ。試合には負けてしまったが、この試合で全国のトップレベルを体感することができた。

結束を強めた自衛隊合宿

東福岡高校以外にも、選抜大会に出場できなかった天理、京都工学院、御所実業などと練習試合をし、3月末には関東遠征を行った。東海大学を見学がてら宿泊して練習し、その後、千葉県の習志野自衛隊で合宿を行った。

日常の規律を学びたいと考えていたのだが、偶然、自衛隊の方との縁ができ、「精鋭無比」といわれる習志野自衛隊の第一空挺団で訓練などが体験できることになった。

この合宿には高校1、2年生の全部員約70人が参加した。4月に入学する新入生はまだいない。「精鋭無比」とは、比べるものがないほどの精鋭という意味にとられがちだが、真意は「精鋭になるための努力が比べるものがない」という意味だそうだ。「日常の努力が比類ない」ということなのだ。

この部隊は当然、有事の際には戦わなければいけない。1分1秒の遅れが命にかかわる。だからこそ、日々精鋭になるための訓練を続ける。その話を聞いた生徒たちは、自分たちの準備はまったく足りていないと感じたようだった。

高校スポーツの最高峰を決める大会に臨むにあたって、日常の1分1秒がどれほど大事かを実感してくれたようだ。本来は、入学したときから、そのように感じながら過ごしていなければならないのだが、それができていなかった。私自身がそれを気づかせることができていなかったということに、気づかされた。

習志野自衛隊にはラグビー部があって、グラウンドもある。そこでラグビーの練習試合をすることもできた。

千葉県の高校とは、幕張総合高校などと以前から交流があった。夏合宿でも練習試合をするチームがあるし、年末の12月28日、29日には仰星高校でチームを受け入れている。全国大会に出場しない学校が来てくれて、午前中は合同練習をし、午後は仰星のノンメンバーと練習試合をしてもらう。この自衛隊合宿では、習志野駐屯地のグラウンドに複数のチームが集まってくれて、よい練習もできた。

訓練の体験はインパクトがあった。習志野には空挺団があるので、高所からの降下訓練ができるようになっている。高さは11メートルと人間が恐怖を感じはじめる高さに設定されていた。

上にロープが張られているが、飛び出して降りたところでロープが伸びきって止まるようになっていた。勇気をもって飛び出すということについては、生徒たちはよい体験をした。ほとんどの選手が飛び降りたが、一人、どうしてもできない生徒がいた。足がすくんでどうしても飛べない。それでも、みんながエールを送ることで一体感が出て、最終的にはその生徒も飛び降りることができた。

そして、私も飛び降りた。事前の説明のとき、指導教官がある柔道家の話をした。「彼は現役時代ここに来たけど、飛ばなかった。そして負けた。指導者になって来て、選手と一緒に飛んで好成績を残しました」。そう言いながら私の顔を見るのだ。生徒もこちらを見つめている。これはもう行くしかない。私も、コーチたちもみんなで飛び降りた。女子のマネジャーは「絶対に嫌です」と言っていたのだが、選手たちの姿を見て感じるところがあったのか、「私たちも行きます」と全員が飛んだ。

学校生活では体験できないことを、みんなで共有したことも大きい。協力する心や、踏み出す勇気を共有できたという意味で、大きな一歩だった。

帰る日、各生徒が宿泊した部屋の掃除をした。宿泊した者はベッドの上の布団、毛布、シーツをきっちり畳み、辺と角がぴったり合うように置く決まりがある。最後にチェックがあるので、「しっかりやりましょう」と言っていたのだが、おそらく、できたと思ってその上に腰かけてしまった生徒がいた。ほんの少しのシワがついていたのだが、チェックする人がその乱れを見逃さず、「腰掛けましたね」と指摘された。

その人はラグビー経験者だった。「みなさんが強いチームだと知っています。しかし、最後の最後まで油断せずにやり切ることが大事です」と厳しく話していただいた。ありがたかった。最後に自分たちがいろいろなことが足りないことを痛感する遠征だった。

以降、学校のグラウンドでの練習の態度が変わり、リーダー陣がグラウンドレベルでみんなにかける言葉の精度も上がってきた。

年間を通した強化の進め方

春の総体は、抽選で常翔学園と同じブロックに入ることになった。ターゲットは明確だった。常翔学園は全国選抜大会に出場しており、総体に向けての準備は遅れ気味になっていた。この優位性をどう生かすかを考えた。試合の映像を見て、出場しそうな選手を分析した。常翔学園はフォワードが大きく、スタンドオフ、フルバックに中心選手がいて、キックを多く使うチームだった。

そのため、キッキングゲームで優位に立ち、相手がキックに備える人数を多くしてきたところで、空いたスペースを攻めることがポイントだと考えた。大きなフォワードはどうしてもディフェンスのレンジが狭くなる。そこも攻略するポイントだった。相手のフォワードの圧力を受けるのは想定の範囲で、大きな相手とどう戦うかを考えたことは、秋の全国大会予選、そして全国大会本選へとつながっていく。

フィジカルのレベルアップはラグビーにとって大切な要素だし、仰星でもしっかり取り組んではいるが、この年の3年生は身長の高い選手が少なかった。身長が低いのに物理的な重さを出そうとして体重が増えすぎてしまうと、ボディーコントロールができなくなる可能性がある。

そこで、人間の身体の構造、使い方に特化して、仰星高校の卒業生であるストレングス&コンディショニングコーチ（福田健人さん）と相談しながらトレーニングした。倒れてもすぐに立ち上がる、体勢を低くする、押すときに身体のどこを意識すべきかなど、ラグビーの試合に生きるトレーニングを積み重ねた。身体作りに関しては、その時期に何をするべきか、狙いを明確にしながらその都度、話し合って進めてきた。

春の大会が終わると、全国高校7人制ラグビー大会の大阪予選がある。7人制ラグビーは個人のスキルアップにつながるので重視して取り組んでいる。

この時期にセブンズの基礎的なスキルトレーニングをしながら、相手のハンドオフをカットするタックルの練習、アンクルタップ（足首を払うタックル）、トライをさせないタックルなど試合の状況を想定した細かいスキルの練習を取り入れている。

7人制のレギュラーメンバーが試合に行っているときは、残ったメンバーで10人制ラグビーの紅白戦をする。10人制は15人制に近いが、人数が少ないのでスペースが広く、ハンドリングスキルもより高いものが求められる。スクラム、ラインアウトもあって工夫ができる。そのため、この時期に個人のスキルを高めるのに10人制はちょうどいいのである。身体作りは継続的に行っている。

この年の全国7人制大会の大阪府予選は、同じブロックに、大阪桐蔭、常翔学園、仰星が集まった。最終的に三つ巴の戦いになり、得失点差で常翔学園が全国大会に出場した。

御所実業との実戦的キッキングゲーム

7月末になると、大分県の久住高原で複数の高校と合宿をするのが恒例になっている。仰星のグラウンドは他の部活動と合同で使用するため半面で練習することが多い。一面を広く使える機会は多くないので、この合宿は貴重な機会だ。

ここで、御所実業高校とゲーム形式でのキックの蹴り合いをしている。キックオフ、スクラム、ラインアウト、ターンオーバーなどそれぞれのシチュエーションからキックを使い、すぐに蹴るか、パスで動かしてから蹴るのかという判断をするのである。実際に試合をするのではなく、キックに特化したゲーム形式にすることで、フィジカルの差、コンタクトの強度の差に影響を受けず、フィールディング、選手の配置、プレー速度、判断速度、オプションの再現性をどう高めていくのかを身につけることができる。試合と同じ強度でコンタクトしてしまうと、その差によって、キックができなくなってしまうこともあるからだ。

チーム内でキッキングゲームをすることもできるのだが、お互いのやることがわかってしまっていると効果は半減する。他校とキッキングゲームをすることで初見の動きにどう対応するかという判断力も磨かれる。

これを毎朝5時半から7時くらいまで徹底して行う。ここで試合では見えないキッキングの課題が見えてくる。この経験により、その後の菅平高原（長野県）での練習試合で、戦略的なキックを使うことができるようになるのだ。

ここまでの流れをまとめると、春の大会で出た課題の改善に取り組み、個人スキル、身体作りに取り組み、セットプレーの精度を高め、キッキングゲームを磨き、そして夏合宿に臨むのが8月までのスケジュールになる。

チーム作りが遅れた2023年度

ただし、この流れでのチーム強化がいつもうまくいくわけではない。2023年度は、近畿大会、全国選抜大会に出場しなかったため、強度の高い公式戦が少なく、チーム作りは遅れた。

6月第3週の枚方ラグビーカーニバルでは、2年生を大量に投入することに決めた。それまでは3年生を軸に試合をしていたので、2年生に不満がたまっていると思い、そのエネルギーを爆発させてほしかったのだ。

枚方ラグビーカーニバルでの対戦相手は、前年度の全国大会準々決勝で負けた報徳学園にお願いした。報徳学園は快く引き受けてくれた。ここでは、2年生が奮闘し、大接戦をものにすることができた。

そして、6月最終週は、三重県熊野市のラグビーカーニバルに参加した。木本高校のOBの皆さんが中心になって運営されているカーニバルで、三重県の高校のほか、仰星、御所実業、京都工学院、大阪朝鮮高級学校、関大北陽あたりがここ数年参加している。

２０２３年度は御所実業をターゲットにして、２年生を中心に戦い、決勝戦で御所実業に勝つことができた。ここまでの大会で優勝できなかったので、このカーニバルで優勝できたのはチーム強化の上では大きかった。２年生を中心にしたことで、３年生の気持ちにも火が付いた。夏合宿では3年生が奮起することになる。

２年生は体格の大きな選手が多いのだが、プレーの丁寧さに欠けていた。そこで3年生を軸にしたチームになっていくのだが、夏合宿の桐蔭学園との試合では60点ほどとられて大敗した。本来なら3月に見えていたはずの課題が、夏合宿で見えてきた。

選手に足りないと思ったのは、マインドの部分だった。仰星でラグビーをやりたいと思って来てくれる生徒が多かったのは嬉しいことだ。しかし、このチームで日本一になろうと思っている選手は少なかった気がする。思いやりのあるよい人間性の生徒が多かったが、一人のアスリート、勝負師としてはもの足りなかった。

このことは、リーダーの和田寛大《かんた》にだけは言った。和田は優しい性格だったので、キャプテンとして「もっと嫌われたほうがいい」ということも指摘した。

全国大会大阪府予選を勝つチーム作り

7月の第2週には、秋の全国大会予選のブロック分けのチームがわかるので、ターゲットを絞って対策も立てやすくなる。

ディフェンスに関しても、相手によって練習を絞り込んでいくことができる。縦に走り込んでくるチームに対するディフェンスに重点を置くのか、タッチライン方向に押し出してくることをメインにするのか、それによって準備の仕方も変わる。

総体では常翔学園に勝つことができ、抽選により、秋の全国大会予選でも常翔学園と同じブロックに入ることになった。常翔学園に勝つためのチーム作りを始めた。練習や試合に取り組む気持ちの部分では、やや物足りないと感じて言葉をかけていたが、言いすぎると気持ちが乗っていかないので、ここは難しいところだった。

秋の予選は順調に勝ち進み、決勝戦で常翔学園と対戦した。体格のよい選手が多く、パワフルに攻めてくるので、こちらは先に動き出し、2人目も先に仕掛けることが必要だと考えていた。スクラム、モールは、ゼロのスピードから物理的な重さを感じるプレーなので、ここで穴を開けられるのは仕方がないと考えた。何もかも止め切ろうとすると、ほかのところにも穴が開いてしまうものなのだ。やられても仕方ないところは割り切って考えるのも勝つために必要なことだろう。

キックの使い方、ボールを運ぶ位置も対策し、うまく対処して予選を突破できたのだが、モールで3つトライを取られたのは、対応力がなさすぎた。

試合後に選手たちとレビューをしたが、根本は分かっていても、それをどう問題解決につなげるか、そのための練習方法やプレーの質を思い描く発想に乏しいと感じた。

相手のモールの構造さえ理解できれば、対処できるオプションがたくさんあったにもかかわらず、そうではない対処の仕方をしていた。映像を何回見ても、なぜそこに入ってディフェンスをしようとしたのか？　と聞きたくなるケースがあった。簡単に書けば、物理的な重さに物理的な重さで対抗しようとしていたのだ。サイズのある駒井良がそこに仕掛けようとしていたが、入る角度を間違っていた。科学的な問題に対して、どういう解答を出していくのか、間違っていたり、勘違いしたりしていたのだ。モールについては圧力をかけられすぎたので、ティーチング、コーチングで対応した。全国大会に向けてやるべきことは多かった。

強豪、桐蔭学園に準々決勝で敗北

第103回の全国高等学校ラグビーフットボール大会は、2023年12月27日、東大阪市花園ラグビー場で開幕した。

Aシードは桐蔭学園、東福岡、佐賀工業。東海大大阪仰星は、大阪桐蔭、國學院栃木、茗溪学園、報徳学園らとBシードとなった。シード校は2回戦からの出場だが、ここを突破すれば、ベスト16の3回戦で報徳学園と戦うことが決まっていた。

3回戦、2024年1月1日の試合は、白熱のクロスゲームとなった。前半13分に報徳学園に先制トライを奪われたが、17分にセンターの向井悠統《ゆうと》がトライして、7－7。後半もペナルティーゴールで先行されたが、スタンドオフ阪井優晃《ゆうひ》の2トライで17－10とリード、1トライは奪われたが、からくも2点差で勝ち、ベスト8を決めた。

チームの3人のリーダー制については第2章でも触れた。チームリーダー、ゲームリーダー、クラブリーダーだ。文字通り、チームを引っ張る選手、試合をリードする選手、そして、仰星というクラブを引っ張るリーダーである。

2023年度は和田がチームリーダー、阪井がゲームリーダーだった。しかし、クラブリーダーには適任者がいなかった。

和田はとても優しい人間で、思いやりがあった。どちらかといえば、クラブリーダー的な性格なのだが、ほかにチャンピオンになるためにストイックになる人間がいなかったので、その思いやりを前面に出して、みんなを引き込んでいけるキャプテンになってほしいと思ってチームリーダーに起用したのだった。

結果的に、彼の優しい色が出て、優しさが感じられるチームにはなったのだが、ストイックなチームにはならなかった。

クラブリーダー不在のまま突っ走ったこともあり、全国大会の直前に、卒業生の御池蓮二に来てもらった。彼は優勝した代のクラブリーダーだったからだ。彼には、挨拶、ごみ探し、花園ラグビー場に行くまでの立ち居振る舞い、気になるところを指摘し、声をかけてほしいと頼んだ。

御池の予定もあるので、12月29日から1月3日まで御池に来てもらい、3日の夜からは、近藤翔耶（2021年度キャプテン）を呼んだ。近藤の代はベスト8で終わっている。近藤は教員を志していたこともあったので、教員になるのにプラスになるから選手たちの様子を見に来ないかと声をかけたのである。

ベスト8からは抽選で組み合わせが決まる。仰星は準々決勝でAシードの桐蔭学園と戦うことになった。組み合わせが決まったときは、Aシードを倒すチャンスだと思った。優勝を狙うチームはベスト4からはさらにプレーの精度が上がるものだ。

しかも、桐蔭学園は夏合宿で60点差を取って仰星を破っている。力の差はあるので、桐蔭学園の選手が、仰星与しやすしという気持ちになる可能性がある。しかし、勝つことはできなかった。終わってからの反省だが、今年に関しては戦術的にこれをやりなさいと言ったほうが、勝利に近かったのかもしれない。プレーの原理原則についての浸透度が甘かった。

この試合では、バックスラインの幅を短くしていた。人と人との間を短くするメリットは、一つのパスのところに人が増えることだ。狭いスペースに人を多く配置することですれ違いざまに抜くことができる。ブラインドウイングやフルバックが見えない位置からパスに走り込むこともできるし、さまざまなバリエーションが考えられる。

パスのタイミングが肝だ。しかし、スクラムで圧力を受けてしまったので、自分たちのタイミングでパスアウトすることができなかった。スタンドオフ、センターは短い間隔で立ち、一番外側のウイングだけ広い間隔で立つと、その間に誰が入って来るか読みにくいし、パスの距離を、短い、短い、長い。長い、短いなど自在に変えることができる。

そのようにパスの間隔に変化をつけながら攻めればよかったのだが、映像を見返すと、ずっと同じ幅だった。立ち位置もよくないので、まったく相手が嫌がっていなかった。

相手の攻撃についても、完全に崩されたものはなく、自分たちの攻めをターンオーバーされて、スコアされているケースがほとんどだった。そのきっかけを作ってしまう攻撃選択をするコーチングしかできなかったのが悔やまれた。

ＢＫが飛びぬけて速かったり、強い選手がいたりということはなかった。その代わりラインの幅をショート、ミドル、ワイドと何パターンも用意して、練習もしていた。試合の中でラインの幅を選べるようにしていたはずなのに、これで抜かなくてはならないという考えに固執していた。そこを、きっちりと教えられなかったのが悔やまれる。

試合後の記者会見では、あえて厳しい言葉を発した。

「ぜんぜんダメです。ここに成長をしに来たのではなく、勝ちに来たのですから」

3年生には満足してほしくなかった。新人戦で負けたところからの歩みを考えれば成長はしている。今大会全体を振り返っても桐蔭学園から24得点できたチームはほかにない。ベスト4をかけて、あれだけの攻防をしたじゃないかと評価してくださる人も多いだろう。

しかし、監督の私までがそれを言ってしまったら、3年生が現状認識を誤ると思った。大学でラグビーを続ける選手も多いのだし、よくやったと言われて卒業したら、大学では伸びないだろう。それはよくないと思ったのだ。

近藤は1月4日に来てくれた。準々決勝で負けたチームの雰囲気など何か感じてくれたと思う。教育実習にも来てくれる予定なので、その感想を話してもらおうと思っている。

満足したら成長はない

選手たちには、大会前に「この全国大会を自分たちの集大成だとは言わないでおこう」と話していた。3年生が進路を決めるとき、チームの戦績で推薦などを受ける場合がある。今年に関して言えば、近畿大会、全国選抜大会に出ていない。それでも東海大大阪仰星の生徒だからと声をかけていただけるのは、卒業生たちが各大学で奮闘しているおかげだ。そうした恩恵を受けていることを忘れてはいけない。

個人競技であれば、戦績はすべてその選手の功績だろう。しかし、ラグビーはチームスポーツであり、一人の人間だけの力で戦ってはいない。感謝の気持ちを忘れてはいけないのだ。

大学でラグビーを続けることを当たり前のように思っているとするならば、ここでよくやったと言ってしまうと、行った先のチームで迷惑をかけることになるだろう。私が大学の指導者なら、取り組みが甘いからこの結果だったのだと思うだろう。

「自分たちの甘さがあった」「日常に足りなかったところがあった」という言い方は、全国大会で負けたときのコメントとしては最悪だと思っている。

「相手が強かった」と心から言えるようになるべきだ。「僕たちはこれ以上ないくらい、努力を積み重ね、練りに練って戦った。でも、相手が強かった」そんなコメントが言えるようになるといいと思う。

あのとき、記者の方から、「桐蔭学園は強かったですか」という質問があった。私は桐蔭学園とベスト4以上でも戦ったことがあり、さらに強い桐蔭学園を知っている。

だから、「強かったですけど、我々が弱かったです」と正直に思っていることを話した。単純に弱いということではなく、本当に日本一を争う中で、桐蔭学園にもつけいるスキはあり、仰星がそこをつけなかったということである。

全国優勝をしても、ここは足りなかったという部分がある。本当に全力を尽くして戦って負けたときに、本当に相手が強かったと言えるはずだ。今回はこちらに足りないことがいくつもあった。

「成長しに来たのではありません。勝ちに来たのです」

このコメントの真意はそういうことである。ドライに聞こえるかもしれないが、目標が日本一である以上、目標達成をしていないのに、「よくやりました。満足です」と言ってしまったら、成長はないのだ。

新人戦の負けからよく伸びたと言ってくれる人が多い。日本一を目指し、日本一になるためにやってきた彼らに「よく成長したな」という言い方をしてもよいとは思う。しかし、「選手の成長をどう感じられますか?」と問われたら、成長するために全国大会に出ているわけではないと答える。

もちろん、全国大会でしかできない成長があるのも知っている。全国大会という、参加チームが最後の最後にすべてをかけ、ファーストジャージを着て戦う場でしかできない成長は確実にある。しかし、それを体験することが目的ではないのだ。勝ちに行った上で、その体験もできるということを忘れてはいけない。

3年生は頑張った。だが、3年生になってから頑張るのは当たり前だ。誰でもできる。1年生、2年生からの積み重ねがものをいうのだ。

桐蔭学園は2022年11月の全国大会神奈川県予選決勝で敗れ、そこからチーム作りを始めた。1月になってから気づくのではあまりに遅すぎる。それを気づかせられなかったのは指導者である私の責任だ。

高校は負けで終わりではない

桐蔭学園に敗れた2024年1月3日の夜、3年生全員で宿に集合した。いつもは、私が試合のレビューをするのだが、3年生でやってほしいとお願いした。3年生には申し訳なかったが、私のレビューと、3年生のレビューがどう違うかを、2年生に感じてほしかったのだ。

翌日の1月4日は、3年生も一緒に練習した。もともと1月7日まで予定を入れていたので、休みにする必要もない。3年生は目標だった全国大会が終わっただけであって、引退ではない。

午前中は1、2年生だけで練習した。3年生にはミーティングをしてもらった。

個々の想いは卒部式で話してもらうが、3年生として、1、2年生に言っておきたいことをまとめてほしかったのだ。

午後は、1、2年生を集めて、私が試合のレビューをするミーティングをした。前半だけで3時間半かかった。その日はそこで終えたほどだった。そこで、試合のメンバーに入っていた2年生に3年生のレビューを聞いてみると、3年生が話していないことが多々あった。例えば、ミスが起きているのは、その2手前のプレーが問題でミスになるのだということなど、レビューの仕方を教えておきたかった。

そうすることで、1月5日の準決勝を見る目を養っておきたかったのだ。学生でもこの観点でラグビーは見られるということを伝えたかった。一つひとつのプレーを心理的な面を含め、状況を見ながら深堀りしていくのだ。

準決勝で桐蔭学園の試合を見るときに大事なのは、自分たちの試合との比較をすることだ。また、相手の大阪桐蔭は1月28日の新人戦で同じブロックになることになっていた。その戦いぶりも見ておいてほしかった。

桐蔭学園は、準々決勝、準決勝、決勝ともにラグビーのシステムに変化がなかった。ただ、質が違っていた。それを徹底してやり切ることができるチームだったということだ。チーム作りのスタートが早かったぶん、精度と再現性は高かった。

毎年、試合に負けたあとにすべての試合を見るわけではないが、２０２４年は1月3日の準々決勝の自分たち以外の3試合も見た。1、2年生にとっては、選抜大会の分析の始まりでもあるからだ。3年生については、なぜ自分たちがそこに立てなかったのかを考えてもらいたかった。5日の準決勝、7日の決勝も全員で見た。負けたあとも、この人たちは真剣だと伝えられる最上級生を作っていかないと、全国大会だけが目的になってしまう。

全国大会はチャンピオンを目指すトーナメントの一つだが、その中でクラブとしてどう成長するのかが大事だ。最上級生は優勝には届かなかったけれど、こういう学びがあって、こういう気づきがあって、次につなげることができたという話ができないと、クラブとしての成長はない。引退は卒部式でいいと思うのだ。

その日の価値を決めるのは自分

部員みんなで準決勝、決勝を観戦したとき、我々は花園ラグビー場を縦に見るゴールポスト裏の席に陣取った。縦から見ると、人員の配置とボールの動かし方など特徴が見えてくる。地域的な攻防よりも人の配置の駆け引きがよくわかる。私の席の前にハーフ団をやりそうな選手に座ってもらい、話しながら見た。

決勝戦後、表彰式を最後まで見て、その場で選手たちに話をした。戦略、戦術の話はしていない。私も高校2年生のとき、土井先生に決勝戦、表彰式を見なさいと言われた。勝ったチームと負けたチームの明暗を見ることができ、負けたほうがどんな立ち居振る舞いをしているのかを見るのである。

選手たちに話したのは、「来年の1月7日と今日1月7日には、同じだけの価値がある」ということ。負けたからといって、価値がないということはない。大阪大会の決勝前日も決勝戦当日も同じだけの価値がある。もし、明日、大阪の決勝であれば、いまSNSを眺めていることはないはず。そういう意識を持って日々を過ごせるかどうか。試合がある日だけが価値が高く、1回戦と決勝戦の価値が違うこともない。その価値を見出すのは自分だ。今年の1月7日も、来年の1月7日も同じ価値がある。その価値がわかる自分になろう。そんな話をした。

準々決勝で敗れたとき、試合が終わったばかりの選手たちに声をかけた。バックスの選手には、ラインの幅や見なければいけなかったポイントなど課題の部分を具体的に。下級生には、はい、次だ、次だと声がけ。最上級生にはもっと（すべてを）賭けることができただろう？ と。しかし、負けて気づくことは誰にでもできる。負ける前に気づく人間が勝つのだ。

映像を見返すといくつもの課題が浮かび上がった。終盤にトライが取れたのだが、トライを取る準備はしていたので当然のことだった。それよりも、負けない選択をすることが大事だった。負けない選択とは、粘り強い選択をしていくということだ。どうしても、早く点が欲しくなってしまうのだが、そうではない選択をしつつ、ここぞという場面で確実にトライを取る。その準備はしていたし、選手たちがそれをできることもわかっていた。それなのに、点を取られすぎて負けた。ここで負けるのかという悔しさがあった。

力の差でいえば、桐蔭学園のほうが強かった。年間を通しての経験値と、積み重ねの精度を考えると、桐蔭学園のほうが精度高くプレーできる可能性があった。それがわかっているからこそ、戦略、戦術を練るのだ。

3対7で負けている状況を、いかに4対6にし、5・1対4・9で勝利に持っていくか。そのためには選択エラーは致命的なのだ。それをやってしまっていた。勝負にはあやがあり、練習すれば勝てるものでもない。そこにラグビーの奥深さがある。人生をかけて、マニアックになって探究しないとそこにはたどり着けない。高校生の部活動はたった2年半しかない。ラグビーの核心に触れることは難しい。しかし、そこに行けなかったことは悔しい。負けたこと以上に、悔しいのである。

2年半は短いけれど、本質的なことを理解しないと、戦略、戦術につながらない。だから、逆に戦略、戦術が先行してしまうのである。選手たちには、ラグビーの核心に少しでも触れ、ラグビーの奥深さ、勝負事の奥深さに、ワクワクしてほしいと思う。

ウエイトトレーニングをしてパワーを身につけました。スピードトレーニングで足が速くなりました。パスもうまくなりました。戦略戦術の再現性が上がりました。強くて速くてうまい人が集まって勝ちました。そういうことではない。ラグビーそのものの魅力を考えると、できればラグビーの核心に触れて卒業してほしい。私の本音はそこにある。

仰星は半面のグラウンドで、中学生と一緒に練習する。それを私は止める気がない。中学生にもラグビーの素晴らしさを少しでも知ってほしいのだ。そのよさを知っているし、多くの選手に体験してほしいからだ。

だからこそ、勝負の本質、駆け引きの面白さにもっと取り組んでいかないと日本一になることはできないと思う。2023年度のシーズンは全国ベスト8で終えた。なぜ勝てなかったのか？　年間のスケジューリングをどうするのか？　仰星のラグビーの考え方そのものについても考え、そして、次のフェーズに行くきっかけが見えた大会だった。

大きな存在だった二人のマネジャー

準々決勝で桐蔭学園に負けたとき、最も腹を立てていたのは女子マネジャーの二人だった。

「よくやったなんて、言うわけないでしょ、何をしてるの」

それくらい強い思いを持ってマネジャーの仕事をしていたということだ。選手ではないのだが、勝負事にシビアで、「全然気合が入っていません」「なぜ、もっとやらないんですかね」というようなことを言うタイプだった。

備品の管理など目配りが抜群にできるので、クラブリーダーにならないかと打診したことがあるが、「私たちは前に出てしゃべることは苦手です。マネジャーとしてしっかりやります」と、チームを支えてくれていた。勝負にシビアな二人は日本一になりたいという思いが強く、この代の選手たちにとって大きな存在だった。二人のマネジャー、阿部日南歩《ひなほ》、梶原結月《かじわらゆずき》には心から感謝している。

第6章

仰星プライド

紺の誇り

東海大大阪仰星高校ラグビー部は、前任の土井崇司監督の頃から「紺の誇り」という言葉を使っていた。チームに対して、自覚、誇り、責任を持って行動していこうというものだったが、生徒たちに深く浸透はしていなかった。

私は、毎試合、ゲームのテーマを書いて提示する。その際に、「紺の誇り」という言葉をプリントに入れるようにしている。しかし、「紺の誇り」とは具体的に何なのかという話はしてこなかった。

そこで、わかりやすくするにはどうしようか考えたとき、誇りを英語でPRIDEと書いてみた。ラグビー憲章の5バリュー（品位、情熱、結束、規律、尊重）からも想像を膨らませ、頭文字から以下のような言葉を考えた。

P＝パッション（誰よりも熱い情熱）

Ｒ＝リスペクト（敬う心を持ち続ける）
Ｉ＝インテリジェンス（あふれる知性と思考力）
Ｄ＝デディケーション（献身の理解と実践）
Ｅ＝エンドレス・チャレンジ（諦めない心で挑戦）

情熱を持ち、誰に対しても敬意を払い、献身を理解して最後まで挑戦する。それこそが、「紺の誇り」ということだ。

指導者になりたての頃の私は、情熱で突っ走るタイプだった。情熱さえあればなんとかなると思っていたし、斜めに構えてさめた態度をとることを嫌っていた。鼻水を垂らしても気にせず戦い続ける。そういうタイプが好きだった。だからかもしれないが、ＰＲＩＤＥという言葉の文字を思い浮かべたとき、Ｐの「パッションョン」はすぐに出てきた。

Ｒは、「リスペクト」が浮かんだ。仰星のラグビーといえば、「インテリジェンス」も大切にしている。Dについては、時間を使って考えた。辞書を調べて行き当たったのが、「デディケーション」という単語だ。「献身」、これもラグビーには大切なことだ。そして、Eは「エンドレス・チャレンジ」にした。

この「PRIDE」の5文字は、試合で勝つことなどの成果を語っていない。終わりなき挑戦は、レギュラーにならなかったとしても、諦めない心で終わりなき挑戦はできる。そう考えて言葉をまとめた。

近年、仰星高校を志望してくれる中学生や保護者の皆さんには、資料を作成して話している。

「感動を共有しませんか?」と題した資料には、次のように項目を書いている。

ここで紹介したのは一部である。ただ、ラグビーをする、勝利を目指すだけではなく、勝利に値する人物になる集団になっていくために必要なことをまとめている。それを知った上で、仰星でのラグビーに取り組んでほしい。

感動の共有が生み出すもの!!

- 一生の仲間
- 自分自身の大きな成長
- 生きる力（想像力、創造力、協働力）
- 誇り（紺の誇り。仰星プライド）

※仰星プライドは仰星ラグビー部の根幹にあるもので、卒部後もこれからの力が進学先や各々の進路で大きな力となり、彩り豊かな人生の創造の手助けをしてくれます。

◎ 仰星高校ラグビー部の使命

目配り・気配り・心配り・思いやり・チームファーストの精神を育み、素直さ・謙虚さ・ひたむきさを培い、世界平和や社会に貢献する人財の育成（※人を財産と考えるため、材ではなく財）

◎ ラグビーに通ずる人間形成

日常と目標達成は常に地続きである！　どんなラグビーをするか？　よりも、どんな人とラグビーをするか？　が日常を変える。

- 誰に対しても何に対しても尊敬の念を持つ
- 感謝の気持ちを常に持ち表現する
- さまざまな背景を理解し多様性を受け入れる
- 信頼関係を築き威厳を持って接する
- 他者との協働で自身の価値観を再構築する
- 目標達成のために常に最高レベルを求める
- 原理原則を理解し、多角的な視点を持って問題解決の方法を探究する
- なぜそれをするのか？　を常に考える
- 常に全力（情熱）を尽くし限界を超える

勝利至上主義について考える

ここまではクラブとして目指すものだが、ラグビーにおけるチームの目標は常に日本一である。日本一のために必要なことをしっかり話せる人間が多いほうがチームは強い。

選手たちは、私といる時間よりも同級生といる時間のほうが長い。「日本一になるんだ」と言葉にして、強く思っている人間が近くにいれば、その横にいる人間も影響を受けるし、やるしかなくなる。それができない選手は、ここにいることが恥ずかしいと思うものだ。

日本一になることに強い思いを持っていない選手が多いと、全体に甘くなってしまう。本当に強い世代というのは、本気で思っている人間の熱量が強く、引き込み力が大きいと感じる。引き込む人の絶対数が多くて進んでいく場合と、引き込む力がとてつもなく大きい選手がいる場合の2パターンがある。引き込む力が強い選手が多いと最終的に日本一をつかみとることができる。

私は勝利至上主義だ。チャンピオンシップに出場するなら、優勝を目指さないのは意味がない。出るのであれば日本一を目指す。

「君たちは目指すのか？　一番をとる気はあるのか？　それがないのなら、エントリーしない」

そう伝える。目指したいと言えば、大会にエントリーする。チームの目標は日本一だ。そのための新人戦（近畿大会大阪予選）があり、近畿大会、全国選抜大会がある。

「勝利至上主義」というと、何をしてもどんなことをしても勝つ、ということと混同されがちだ。勝利至上主義に目くじらを立てる人が多いが、チャンピオンシップに臨む時点で勝利至上主義以外はありえない。そのこと自体に異論があるチームは、同じ志のチームとリーグ戦などで試合をしていくほうがいいだろう。

実際に一番を目指す過程の中で学ぶことはたくさんある。勝利を突き詰めると考え方が綺麗になってくる。研ぎ澄まされていくのだ。ずる賢くは勝ちたくない。相手もベストでいてほしいと思うようになる。勝利を突き詰めて考えれば、フェアな精神や正々堂々と戦うとはどういうことかを学べる。

ラグビーのルールはグレーゾーンが多い。反則をしていても、相手が有利になればその反則に笛が吹かれることはない。アドバンテージのルールである。反則された側がプレーを続けて、レフリーが「アドバンテージオーバー」と言うのは、お互いに頑張ったという証しだという気がする。

だからこそ、グレーを狙って戦ってほしくない。お互いに正義がある。その角度でいいと思っているのは相手の理論。我々はこれが正しいと思っている。そういうせめぎ合いのなかで、お互いに理解を深めていくのだ。

「お前、そういうことをしたかったのか。分かった。でもやらせないぞ」

というやり取りができるのが、ノーサイドではないかと思うのだ。ノーサイドの解釈を考えていくと面白い。それがラグビーの本質に触れるということかもしれない。それを選手たちには感じてほしい。そして、そんな関係性を作ることができるクラブ、チームがたくさん増えればいいと感じている。

負けない準備をすることの大事さ

仰星高校ラグビー部の監督として、これまで4度全国制覇を達成することができた。なぜ勝つことができるのかと問われることがある。答えは一つではないが、ラグビーの原理原則、判断基準を定義して言語化することを大切にしているのはたしかだ。

ラグビーは、楕円のボール一つで行われる競技だ。フィールドは縦100メートル、横幅70メートル。15人対15人。いま設定されているルールにおける原理原則がある。仰星において考え得るプレーの原則の定義と言語化をするのである。

私の肩書きは監督だが、自分ではコーチだと思っている。コーチの役目は、選手に常に気づきを与えることで、選手の学ぶ機会を作り出すことだ。これまで出会った指導者の皆さんに、私自身が気づかせてもらってきたからこそ感じることである。

自分自身も受け身ではなかったことはよかったと思う。昔から球技が好きで、どうやったらうまくなるか、どうやったら面白くなるか、どうやったら周りを生かせるかを考えていた。身体能力が低く、身体の大きさ、強さ、速さという物理的な能力が低かったからだ。

球技の構造や、パスのタイミングやリズム、人との距離などを昔から気にして、それを楽しんでいた。だからこそ、気づきをくれる指導者に出会ったときに、吸収できたのだと思う。

勝負についていえば、勝ちにいくより、負けない準備をすることが大事だ。ラグビーにおいては、攻撃と守備、そこしかない。

構造化された攻撃と、構造化された守備があり、この間に構造化された攻撃から守備、あるいは守備から攻撃に移り変わるアンストラクチャーという局面がある。

そのすべてを練習で体験させたいと思っている。基本的には構造化されたものの練習が多くなる。構造化されていないトランジションと呼ばれる切り替わりのところもある、というデザインが大事だ。起こり得ることを体験させることで対処ができる。

さまざまなシチュエーションを練習で体験しておけば、これは知っていると思える。試合中の取捨選択のスピード感を上げるところについては、まだ私も勉強不足のところがある。ただ、ラグビーで起こりそうなことを設定しながら練習していくのは経験を積んでいけば見えてくる。原理原則、定義、言語化を意識していると、いろいろな発想を落とし込みやすくなる。常に大事なことは定義して言語化することだ。

自分たちがやりたいことよりも、起こり得ることに対して準備をする。そうやって負ける確率を減らしていくことが、僅差勝負を勝つことにつながる。

実力が拮抗しているチーム同士が戦うと、やりたいことはほとんどできない。相手のやりたいことをさせないからだ。相手がやってくることを想定した準備をすることが大事になる。

試合中の分析力も必要だ。現在、強いチームにはアナリストがいるのが当たり前になっている。学生レベルでもアプリを使えばスクラムやラインアウトなど各プレーの数値化はできる。それはどのチームもやっていることを前提として、試合中の分析力、修正力、対応力があるかどうかが勝負を分ける。

そのときどきのプレーのトレンドや、ルール改正もあるので、その都度変わるのだが、組織のなかでそれぞれのプレーの意味を考え、設定された練習の意味を考え、大事なことに気づけるかどうかで勝敗は決まってくるのである。

選手選考をどう考えるか

メンバー選考についても書いておきたい。2023年度のチームに秋田から大阪にやってきた吉田琉生《るい》という2年生がいた。1年生の時から全国大会に出ていた選手で、将来楽しみな才能を持っている。

私は吉田をスタンドオフで試合に出場させたいと思っていた。全国大会予選決勝では14番のウイングで先発したが、全国レベルにはまだ足りないと感じて、全国大会本選ではリザーブにした。

当たり前のことだが、彼を成長させるための全国大会ではない。3年生にしかできないこと、吉田にしかできないことを熟慮した。そして、吉田にしかできないことを考えたとき、リザーブから途中で投入したほうが相手は嫌がるという結論に至った。

仰星というチームの指導者としての責任と、一人のラグビーに関わる指導者の立場では当然、違いが出る。吉田はスタンドオフで育成することが、今後の日本ラグビーにとってよいことだと思っている。吉田はスピードある選手だが、彼の速さ、身体能力を持つ選手は海外に行けばたくさんいる。しかし、スタンドオフであの身体能力は少ない。

ただ、今回の全国大会で10番を背負うにはラグビーインテリジェンスの部分が追いついていなかった。ここは我慢させたほうがいいと思った。

私の選手選考はある程度基本になる考え方がある。まずは、ラグビーの会話をするにあたって、ゲームメイクはどうする？　と問いかけたら、「今回のゲームはこうなります」「こういう戦い方をします」と、明確に話す選手を選考する。

その上で、タックルがきっちりできる選手を求める。次にディフェンスを理解し、組織的な構造化されたディフェンスを、その都度判断して実行できる選手。1番から15番までポジションには関係なく、明確に戦い方を話す選手を求める。続いて、構造的な攻撃を実行できる考え方があり、それを実行できる体力とスキルを持っている選手。ラグビー的にはここが大事だ。

誰をどのポジションで起用するかについては、チーム状況によるが、基本的にはスクラムが強い選手がＦＷ第一列になる。第二列はラインアウトの獲得率を考えて身長の高い4番、5番とするか、またはジェネラルプレーの優れた4番、5番の場合もある。第三列の6番、7番、8番については、バックスのプレーができてリンクプレーヤーになり、ライン参加したときにパスが10mまできちっとほうれる選手を求めている。

9番の条件は、ボールタッチ回数が一番多いので、ブレイクダウンが起きたときに2秒以内で次のプレーヤーにボールが供給できること。10番は全員がゲームを理解し、再現性を持っている上で、それを統括できる選手だ。両センターはスタンドオフからの指示を短い時間で判断、決断、実行できる選手となる。

両ウイングはスピードがあり、キックの精度が高い選手。フルバックは、ボールを持っていないときに、相手が嫌がる位置に立ち、相手が迷う動きをすることができる選手。

ベースとして求められていることは、選手にも伝えているので、全員がスタンドオフやフランカーになり得るジェネラルプレーができて、その上でそれぞれのポジションに求められることを精度高くできる選手の育成を目指している。

私の組織作りの原点

私がなんでも工夫するようになった原点は学童保育にある。私の小学校には、1年生から6年生までが参加できる学童保育「かぶとむしクラブ」があった。現在の留守児童家庭をサポートする学童保育ではなく、大阪市（東住吉区）が運営する学校の外にある学童保育で、寺子屋のようなイメージのものだった。

そこを運営していた指導員の方が面白い人だった。けん玉、ベーゴマなどを使って子供たちと遊んでくれた。毎日のおやつは必ず手作りだった。私には7歳年上の兄がいて、兄もその学童保育に行っていた。兄が一期生で、私の母親など保護者が一緒になって形態を作り上げていったのである。

その指導員の方は小学校の教員免許も持っていたが、おそらく小学校ではできない教育をそこでしようとしていたのだと思う。

たとえば、こんなことがあった。我々の地元にあった大和川は、当時、水が汚いのが問題になっていた。友達の一人が「上流に行ったらどこに行くんだろう」と言い始めた。友達のなかで、「赤棒探検」という遊びがあった。分かれ道で棒を投げ、赤く塗った棒の先が向いた方向に歩いていくという遊びだ。

夏休みに大和川を上流に向かって歩き、川が分かれるところで、棒を投げて進むという遊びを始めた。これがみんなで参加する大きな企画になり、歩けるところまで歩いて、電車で帰って来て、次の日には電車でそこまで行って、続きを歩いた。そのうち吉野の山まで行った。源流にたどり着いたら、水が飲めるくらい綺麗だった。東住吉区から大阪城まで小学生だけで歩いたこともあった。ルールは30分に一度、公衆電話から本部に電話をすること。もちろん、保護者の皆さんがバイクなどで見守ってくれていた。

小学1年生から6年生まで一緒に行くので、低学年からすれば、連れて行ってくれる5年生、6年生が憧れのお兄さん、お姉さんになる。自分もいつかああなりたいと思うようになる。キャンプに行って、テントを張って、ご飯も自分たちで作る。計画を立て、メニュー表を作る。小学校のときに組織作りの基礎を学ぶことができたのだ。社会勉強のできる私塾のようなところだった。私の原点はここにある。

東海大大阪仰星のラグビー部は中学生と高校生が一緒に練習している。効率が悪い面もあるが、これからも続けたいと思っている。高校生が中学生に教え、中学生はあんな高校生になりたいと憧れる。そういう関係が大切だと思うのだ。私がそういう気持ちになるのは、学童保育の経験が大きく影響している。

今年は、中学1年生から高校3年生までが参加し、野外活動センターでカレーを作る企画をしようと思っている。高校3年生が指示し、高校2年生が実働部隊である。昨年企画して実現できなかったのだが、今年はやってみたい。みんなで宿泊して、夜はグループごとに話し合う。憧れのお兄さん、お姉さんを作ることが、ラグビー以上に大事だと思っている。

恩人・和泉武雄さんの言葉

２０２３年12月21日、和泉武雄さんが亡くなった（享年77）。私にとって忘れられない恩人だ。愛媛県の松山東高校から早稲田大学に進み、大学２年生からフランカーとしてレギュラーになって活躍した人だ。

早稲田大学ラグビー部のコーチを10年間務め、東海大学ラグビー部の監督を10年務めた。実は、私は一度しかお話ししたことがないが、その言葉が強烈に印象に残っている。和泉さんの教え子でもある土井崇司先生も一緒だった。和泉さんは私に言った。

「君、いいラグビーしようとしているね。いいアタックだね。では、その攻撃をどうやって守備するかを考えたことがあるかな？　自分たちがよいと思った攻撃を、どう守るかということを考えると、もう一つ先のよい攻撃が考えられるんだ」

この言葉をいただいたのは、私が監督になったばかりの頃だ。以降、生徒たちには、「どうやってディフェンスする？」と質問するようになった。

この言葉は大きかった。その攻撃を自分たちが守るとしたらと考えて、守られたときにはどうするかを考える。そこまで考えてこそ、よい準備と言えるということだ。

和泉さんは土井先生が東海大学の現役時代の監督で、土井先生が車を運転して、一学年下のスタンドオフ向井昭吾さんを連れて、３人で大西鐵之祐さん（元早稲田大学ラグビー部監督、日本代表監督）の家に行っていたそうだ。

早明戦、早慶戦などのとき、土井先生は喧々諤々の議論が行われるのを横で聞いていたそうだ。そのときに、議論をしているＯＢの方に、「お前、クロスディフェンスって知っているか？」と問われたらしい。

クロスディフェンスとは、相手に強いインサイドセンターがいる場合、この選手を真正面からタックルして止めるのが難しいので、この選手には最初から一人内側のスタンドオフが斜めからタックルに入るものだ。すると、攻撃側のスタンドオフからすれば、目の前が空く。そこにディフェンス側のインサイドセンターが逆に斜めからタックルに入る。ディフェンスが入れ替わるのだ。

私はこのディフェンスが行われた当時の映像を見ていないので想像だが、狙いとしては、強い選手に真正面でタックルすればふっ飛ばされるので斜めから入って止める。そして、強い選手にプレッシャーをかけることで、スタンドオフがボールを持って走るように仕向けて、そこを狙ってタックルということだろう。

土井先生は「ラグビーってこう考えるんだ」と思ったそうだ。そこで攻撃もディフェンスもさまざまな駆け引きがあり、考えることができることを学んだという。それが、仰星ラグビーの理論的な考え方に影響しているのは間違いないだろう。

ボールの争奪にこだわる

ラグビーの本質に触れるとはどういうことだろうか。ラグビーはボールの争奪をするのが原点だし、そこにこだわることが必要だ。陣取り合戦よりも、ボールの争奪を徹底的にやらなければならない。ゲーム的な要素では、駆け引き、嗅覚が重要なのだ。

「きょうは、このチームにボールが転がってきますね」という言い方があるが、これは運よく転がって来るのではなく、動き出しが速いから転がってきているように見えるのだ。たとえば、ラインアウトのスローイングが少し高くて、ボールがジャンパーの手の上を通りすぎてしまうことがある。このボールについていえば、注意深くスロワーのボールの軌道と、ジャンパーを見ていたら、ジャンパーを越える手前で動き出すことができる。

パスがうまいとか、コンタクトが強いということ以上に、ボールの争奪で徹底的にやり合えること、簡単にボールを失わないことが大切だ。ボールを獲得するための反応スピードを速くしたければ、この角度でボールが入っていれば、ジャンプしている人の手の出し方によって、ボールがどちらに出てくるかを読むことが必要だ。

具体的に名前を出すとしたら眞野泰地（2015年度キャプテン、東芝ブレイブルーパス東京）のいたチームだ。彼らは第95回の全国高校大会で優勝している。岸岡智樹（クボタスピアーズ船橋・東京ベイ）らよい選手が多かった。そのときのプロップの中野幹《かん》（東京サントリーサンゴリアス）は、中学時代は野球部だった。高校からラグビーを始め、努力して身体を大きくしたが、膝の大きなケガを2度経験している。不遇な時期もあったが、ラグビーの戦術、戦略よりも、自分たちは何ができるのかを、一つひとつ積み重ねて行く選手だった。中野をはじめとした、特徴ある選手が多いのがこの代の特徴だった。そして、ボールの争奪にこだわれるチームだった。

なぜそうなったのか、どう教えたらそうなるのか、私自身もよくわからない。ただ、彼らは、ラグビー憲章のファイブバリュー（品位、情熱、結束、規律、尊重）にも興味を持ち、誰もがボールの近くで逃げないという印象があった。

ボールを持って足が速い、パワーがある、ということではなく、みんなが身を挺してルーズボールに飛び込めるということかもしれない。私の感覚的なもので、数値化できないが、そういう選手が多いときは強い。

御所実業高校の竹田寛行監督がよく言われることで、「勝負ごとに絶対はないのだが、絶対を信じないと勝つことはできない」ということがある。もちろん、最後は選手が自ら考え、判断をしなくてはいけない。枠にはめすぎず、車のハンドル遊びのような余白は残しておかなくてはいけない。

ただ、リーダーや、ハーフ団（スクラムハーフ、スタンドオフ）には、余白の部分の許容範囲をあらかじめ話しておくことがある。そうすることで、リーダーは安心感を持ち、ほかの選手には前向きな発見や驚きがあるだろう。

たとえば、ディフェンスラインを崩す攻撃のいくつかのオプションをチーム全体には伝えておき、ハーフ団には、ディフェンス裏へのショートキックも使えると伝えておく。パスをもらおうと本気で走り込んでくる味方をもあざむくキックは、ディフェンス側にとっても意表をつかれるものになるのだ。最初から5つの攻撃を使う準備をするのではなく、3つに絞って精度を高め、4と5はリーダーだけが知っているようにすると非常に効果的な攻撃ができるときがある。

こうした駆け引きは、相手チームに対するだけではなく、自チームの選手にも必要だということだ。高校生は、ラグビーそのものの造詣はそれほど深くない。最上級生で迎える全国大会のベスト8は一生に一度しかない。2年生で経験していても、そのときの経験でしかない。すべてが初めてのことなのだ。そこで前向きな気持ちで勝っていくには、なんでもかんでも準備すればいいかといえば、そうではない。ベンチワークもそうだし、ロッカールームでのトーク、試合前のトークも、何を発するのか、ここだけは言ったほうがいいとか、いろいろと考えるのである。

私はいろいろな本を読むが、年間を通じて選手を見ているからこそ、伝わる言葉がある。そこについては、自分自身で考える。

言い回し、表現方法は大切だし、パフォーマンスも必要だと思うところもあり、それはやりすぎだと考えることもある。結局は自分の言葉で、年間を通して自分自身が発してきたものが一番伝わる。こだわってきたことは何なのかと考えて話すようにしている。

記録に残るよりも記憶に残るチームに

土井先生が種をまき、育てた東海大大阪仰星高校ラグビー部に、私も長らく関わってきた。監督になり、全国制覇もした。しかし、その大木を自分が育てたかのごとく、美味しい実がなっているでしょ、これ大きいでしょ、と言ってしまっていた時期があった。

そんな話を、車のディーラーさんと話したことがある。すると、ディーラーさんは次のような話をしてくれた。「自分たちの営業がよいから売れているのか、車がよいから売れているのか、そこは勘違いしがちなんです」。

お客さんに「この人から買いたい」と思ってもらえて売ったのなら、その人の営業力だろう。しかし、その車が欲しいと思って買っているお客さんにとっては、たまたま買うのに都合がいいとか、車そのものがよいからだろう。本当にその人から買いたいと思っているかどうかはわからない。

仰星に置き換えれば、優勝したチームだから行きたいと思っているのか、仰星でラグビーがしたいと思っているかはわからない。が、その二つでは大きな違いが出てくるということだ。

仰星高校で学びたい。その上でラグビーができて、優勝を目指せる。だから仰星に行きたいという生徒がいる。力を発揮するのは、こういった考え方をする選手だ。

優勝したい、日本代表になりたい、それだけがきっかけだと、いろんなところに矢印を向けてしまいがちになる。自分がうまくいかないのはチームのせい、監督のせいとほかに原因を見つけてしまうことになってしまう。仰星という学校の建学の精神に基づき、心を決めて来てくれれば、どんなことがあっても自分に矢印を向け、問題に向き合い、自分の目標までのギャップは何が問題なのか見極めて取り組んでくれる。

勝っているので仰星が選ばれているとしたら、勝たなくなると選ばれなくなってしまう。勝っていなくても選ばれる集団、そして、勝っていなくても選ばれる指導者でありたいと思う。

私がもしプロのコーチになったとしても、チームの戦績よりもカルチャーを大事にするだろう。記録に残るよりも記憶に残るというのは、大事だと思う。その上で最終的に記録も残していく指導ができれば、本当に素晴らしいことだ。

もっともっと学ばなくてはいけないし、いろいろなものから常に気づきを得なければいけない。たとえば、声を出すことの大切さだ。中学校の練習を見ていても、ラグビースクールの指導員の声のかけ方を見ていても、そういう声の出し方を忘れていることに気づくし、タイミングよく声を出すことの大切さを思い出させてくれる。

ほかの先生方の仕事の都合で中等部の試合を引率することがあるのだが、時期はたいてい地区大会（北河内地区）の最中になる。このタイミングの新人戦はみんな必死だ。北河内地区は先生方が情熱のある方が多く、選手を丁寧に褒めている。情熱的な指導であり、選手が痛いことから逃げると厳しく指導しているが、あとで、選手を呼んで「痛いよね」と共感することも忘れない。

よく見ていると、学習支援の必要な子もいる。中等部での大会では、公式戦なのに遅刻して、言い訳をしている子もいる。それでも少しでも試合に出してプレーさせている。チャンピオンシップで勝つラグビーだけではなく、先生方の取り組みを見ることで、こんなふうに大事に向き合ってきた生徒を次のステージで預からせてもらっていることを痛感する。先生方には感謝しかないし、頭が上がらない。

真剣勝負での差「己を知る」

私は、「道をひらく」（ＰＨＰ研究所発行）という本を常に持ち歩いている。パナソニック（旧松下電器産業）グループ創業者の松下幸之助さんの著書である。折に触れて読み返し、自戒し、前向きな気持ちになっている。本の中に『学ぶ心』というページがある。その中の一節を紹介したい。

学ぶ心さえあれば、万物すべてこれわが師である。

語らぬ木石、流れる雲、無心の幼児、先輩の厳しい叱責、後輩の純情な忠言、つまりはこの広い宇宙、この人間の長い歴史、どんなに小さいことにでも、どんなに古いことにでも、宇宙の摂理、自然の理法がひそかに脈づいているのである。そしてまた、人間の尊い知恵と体験がにじんでいるのである。

人は何かを学ぼうとするとき、そのテーマに近い文献から当たることが多い気がする。しかし何気なく身近にあるものからも学ぶことができる。

コーチ・カーターという映画がある。ある高校のバスケットボールのコーチの話なのだが、その中でカーターが「俺が考えたサインプレー、決まったぜ」と言う。生徒が怪訝な顔をすると、「ほら、こうんなふうに『俺が』と言ったら、気分が悪いだろう」と言う。私も指導者として、教えたことを選手が実践して「よし、やった」という気持ちになることはある。だが、やっているのは選手だ。選手がいたからこそ、いろいろな練習を思いつき、選手の特性があったからこそ考えることができた。みんなの知恵の集合体なのだ。けっして自分だけが考えたことではないのである。

松下幸之助さんは、短い言葉でそれを教えてくれる。『己を知る』という項目には、「敵を知る前に、もっと大切なことがある。己を知るということだ」とある。『紙一重』には、「賢と愚は非常にへだたりがあるが、それは紙一重の違いから生まれてくる」とある。『真剣勝負』は、「真剣になるかならないか、その度合いによって人生は決まる」と書いてある。竹刀で戦っている間はスキがある。真剣の勝負は生きるか死ぬかだ。

私はときどき選手たちを前にコピー用紙の束を置く。500枚と499枚。みんなに「どちらが多いと思う?」と問いかける。普通は誰にもわからない。誰が見てもわからないくらいの差で、生きるか死ぬかが決まるのだ。生徒たちにそれを知らせたい。

松下さんの言葉で、もう一ついつも肝に銘じている言葉がある。生前、ビジネスの成功の秘訣を問われた松下さんはこう答えたそうだ。

「それは思いの深さでしょう」

朝日新聞のコラムに紹介されたものだが、思いが深ければ常にビジネスのことを考え続けるだろうということだ。

寝ても覚めてもラグビーの場面を思い浮かべ、どう戦うかを考える。あの場面、どうすればもっといいキックが蹴れたのだろう、と。そうなってくれたらいいなと思っている。

すべての出来事はラグビーに生かすことができる

高校時代にあまりラグビーのことに集中しすぎると、燃え尽きてしまうのではないかという考えもあるようだ。それは高校でのコーチング次第だろう。

高校で指導を受けたことをよいと思っていても、進学先の大学で、違うことを知ることができるのは素晴らしいことだと感じられるように、指導者が、丁寧にコーチングすることが大事だと思っている。

私は、ラグビーにマニアックになれ、と言うが、それはラグビーばかりをやれということではない。日常のすべてが、そこにつながっているというマインドで日常のさまざまなことに向き合ってほしいということだ。24時間ラグビーだけやりなさいという意味ではない。

例えば、映画を見ていて、こんな表現方法があるのだと気づき、本を読んでいて、こんな文脈で伝えるとこんな伝わり方をするのかなど、いろいろなことに気づくのは楽しいことだ。ラグビーにつながるかどうかは別として、ラグビーにつながるヒントのようなものを感じることもあるだろう。

あの練習は、自分はこう感じているけど、他の人がどう感じていたかはわからない。伝わり方が違っているから、うまくいかなかったのではないかと感じる。そして問題解決の方法を考える。いろいろなこと、すべての出来事はラグビーに生かすことができるという思考が大事なのだ。

ラグビーというスポーツは、単純な物理的な重さだけでは上回れない強さを生み出すことができる。言い換えれば、身体的な能力における速さではない「速さ」も存在するということだ。

ボールの争奪が原則と言いながら、キックなどでボールを手放す瞬間もある。ボールを手放すタイミング、猛攻撃を仕掛けるタイミングなど、一つの方程式で解けるものではないし、最適解を探し続けることができて、何度も何度も、それができる。本当に奥が深く、面白いスポーツだと思う。

前任の土井先生はその年のメンバーで最終形の絵を描く。パズルのピースを作り、描いていくイメージだ。私の場合は、みんながいろいろな形を作っていって、その都度の能力を見ながら形ができてくる。今年はこんな形になりそうだと感じるのが、土井先生よりも遅い。しかし、コーチ個々によってアプローチの違いはあるが、それはそれぞれのコーチの特徴であると思う。私はこれからも毎年悩みながらチームを作っていくことになるのだろう。

料理にたとえると、私は、冷蔵庫を開けて、残っている食材を見て、できそうな料理を考え、どんな器に盛るかを考えるタイプだ。だから、出来上がるものがその都度変わっていく可能性がある。

こうして自分自身を客観的に見られるようになったのは、ここ4、5年のことだ。優勝した後、次にやりたいラグビーを描き、そのチャレンジに進んでいくなかで、そのサイクルを早くできないかということは、監督になりたての頃から考えていた。そして、試行錯誤して、ティーチング、コーチング、セルフコーチングというサイクルをどう作るかということについて、整理できて来たのが、最近なのだ。

一つのチームとして大事なこと

こうして試行錯誤してきて、２０２４年1月4日から、新チームをスタートさせた。チーム作りは前日の準々決勝で負けた桐蔭学園戦のレビューから始まったが、ラグビー的な気づきがあり、発見があったことで、学びを深めてもらえていると思っていた。

1月28日、大阪の新人戦で大阪桐蔭と戦い敗れた。そのとき、試合に出ていないメンバーのマインドに気になる点があった。試合を見ている姿勢、ここに向かう練習、体調管理、登下校の意識、そんな感覚が薄いと感じた。自分は試合に出ないからと、少し気持ちが浮ついているように感じた。

1月30日のミーティングで、私は選手に話した。

「東海大大阪仰星高校のラグビー部は、登山にたとえれば、険しい山道、雪山を登っていかなくてはいけない。ピクニック感覚で軽装備の服装で登っていくと生命にかかわることが起きる。もし、そういう人が一人でもいれば、ほかのみんなが助けないといけなくなるし、みんなの命も危険にさらされる。フィットネス、スキル、考え方など、いろいろあるが、意識が低いと仲間に迷惑をかけてしまうという認識を持とう。みんなが助け合っていくのが組織なので、助けないということはない。でも、助けてもらうことが前提で険しい山道や雪山に僕もついていくという考えは仲間に迷惑がかかる」

よく選手たちに話してきたのは、「同じクラスの友達が、『今週ラグビー部は試合があるから僕たちも気を引き締めよう』と思ってもらえるくらい影響力のある人物になりましょう」ということだ。全国大会が近づいているから、その一日が重いのではなく、どの一日も重いのだということを、自分で作り出せるかどうかが重要なのである。

私はラグビーの指導者である前に、一人の教員である。たくさんの卒業生を送り出した。自分自身が関わった卒業生が、社会に出てラグビー以外のところで活躍し、自己実現、進路選択するところを見てきた。生きていく上では、自分自身で決断をし、かつ、いろいろな人とつながり、人生を豊かにしていかなければならない。

教員になった当初は、自分自身が高校生のときに体験した、バックスタンドの景色そのものの感動を体験させてやりたいと考えていた。しかし、いまでは、本当にチャンピオンを目指し、試行錯誤を重ね、探究し、そのプロセスそのものが人生を豊かにしているということに改めて気づくことができた。

指導者としてもまだまだ未熟である。これからも学び続けたいと思っている。

最初はバックスタンドの景色そのものに感動し、これを体験させてやりたいという思いから教員を志した。そこからチャンピオンを目指し、試行錯誤を重ね、いまもなお、探究の日々を続けている

エピローグ

２０２４年3月23日から30日まで、埼玉県の熊谷ラグビー場で第25回全国高等学校選抜ラグビーフットボール大会が開催された。東海大大阪仰星高校ラグビー部も参加し、１回戦は突破したが、２回戦で神奈川県の桐蔭学園に敗れた。大会は大阪桐蔭高校の２度目の優勝で幕を閉じた。

他校の試合を見ていて、全体的にラグビーの水準が高くなっていると感じた。各高校に独自の色がありながら、いまのトレンドを工夫しつつ取り入れている。それぞれのチームがどう生きていこうとしているかが見えてきた大会だった。最近の日本ラグビーはリーグワンのみならず、各カテゴリーの競争が激化し、いい意味での工夫、色がよく出ていると感じる。

アナリストやコーチングに関わる人たちが動画の配信をすることが多くなったのも一因だろう。以前は、専門誌のラグビーマガジンの技術ページでラグビーの見方を学ぶことができたが、現在は映像を交えてより具体的に、前の試合からの流れやラグビーの原理原則などが発信されている。だからこそ、若年層で創意工夫するチームが増えているのだろう。

私はこの現状にわくわくしている。駆け引きする事象が増えたからだ。ラグビーについて深く考えて戦うチームが増えれば増えるほど選手の成長度は加速する。日本のラグビーにとってプラスは大きい。高校ラグビーが3年生で最後の勝負をするものだと考えると、入学からの2年半ほどですべてを網羅し、コーチングを確立しなくてはいけない。仕事量は間違いなく増える。忙しくなるが指導者としては非常にやりがいのある環境になったということだ。

選抜大会では2回戦で負けたが、4月、5月で取り組まなければいけない課題が見えたのは収穫だった。課題とは簡単に書けば「攻撃ラインの幅」だ。昨年はチーム作りのなかでラインの幅にフォーカスしたが、溜《た》め、深さを変えることに至らなかった。幅が変わっても、縦の距離感が変わっておらず、手詰まり感があった。練習内容とドリルを工夫して、溜めないといけない状況を作るドリルができたので、課題は克服できつつある。

今後のチーム作りについては、ゲームにおける3要素が大事になると思っている。ボールゲーム的な要素、格闘技的なコンタクトの要素、地域取りの要素のことだ。この3要素をいかに効率よく、かつ精度高く、短い時間で高める方法を考えることができるか。これらをスペースの限られたグラウンドの中でチームに落とし込む。

1年間で落とし込む方法はある程度見えてきたが、次の代にかわった春に少し出遅れている感がある。これを1年のサイクルで精度を高め、2年間で得たものを3年になった春にすぐに発揮できるようにしたい。秋、冬は選手間で競争すると同時に、ボトムアップを加速させなければいけない。これが、来春以降の大きな課題になる。

2024年度のチームは、クラブ目標を「染める」とした。私が高校時代に優勝したとき、「花園が仰星の色で染まった」という話を聞いた3年生が、自らの手で仰星や自分たちに関わるすべての事象や人たちを紺色に「染める」(能動的)という意味を込めたようだ。

昨年度のクラブ目標は「紡ぐ」だった。私の解釈だが、「染める」という言葉は、自分たちで紡いできた一つひとつの糸やストーリーを染め上げるという決意のように感じる。そして、目標達成の十カ条を生徒たちが次のように考えてきた。

1・魁(さきがけ)/2・元気/3・感謝/4・情熱/5・信頼/6・厳しさ/7・覚悟/8・バチバチ/9・精鋭無比/10・紡ぐ

8のバチバチの意味を問いかけてみた。これは語呂合わせなのだが、「10のうちの8つは試合でいえば後半の後半の始まりに関することなので、理屈抜きにやるという意味が込められています」と返答があった。理詰めと理屈抜きをよく理解できていると感じた。そのようなストーリー性を含んだ十カ条は、これまでにはなかったものだ。3年生の想像力と創造性に胸が躍り、鳥肌が立った。

このクラブ目標には、「なぜこの目標でこの十カ条なのか」という理由がしっかりと詰まっている。今季の成長が楽しみだ。

教員としての私は、今年から生徒指導部の主任になった。担任として一つのクラスを受け持つのではなく、学校全体に対してのアプローチが必要になった。自分の学年以外の生徒たちとの関わりをどう大切にするか。今までも意識はしていたが、他のクラブや、クラブに入っていない生徒たちの考え方をもっと吸収したい。そして、ルールの大切さも伝えたい。なぜルールを守らなければいけないのかということを生徒に考えてもらうということだ。私も今の世の中にアンテナを張り、勉強して、生徒たちに発信したい。

土岐爽和《ときさわ》という卒業生がいる。仰星高校ラグビー部ではクラブリーダーを務め、妥協のないタックラーでもあり、勉強も一生懸命で信頼できる人間だった。彼は高校時代からＪＡＸＡ（宇宙航空研究開発機構）に行きたいという希望を抱いていた。卒業後は静岡大学に進学し、今4年生だが、ＪＡＸＡの相模原キャンパスで半年間学ぶことになった。その半年間が終わると大学に戻り、大学院で月面着陸の研究をするそうだ。高校時代に抱いていた思いを持ち続け、大学の在学中に目標に一歩踏み出した。

彼のように高校時代から何事にも全力で臨み、その先も目標に向かって歩んでいる人が多くなるように私も頑張りたい。そして、ラグビーの大会の結果よりも、大学に進学した4年、その後の就職先で自分のことをしっかり語れる人が、このクラブから輩出されることを目指して力を尽くしたい。

本書には現在進行形の私の考え方をまとめてきたが、最後に感謝を伝えたい人たちがいる。私の生き方について、ああしなさい、こうしなさいと「べき論」で語らず、温かく育ててくれた父の雍師《やすのり》と母の直子だ。いつも「自分で決めなさい」とチャンスを与え、見守ってくれた。また、生徒や学校、ラグビーのことばかり考えている私を応援してくれる妻と子供たち。仰星ラグビーに関わるすべての皆さんに感謝して結びとしたい。

2024年5月吉日

湯浅 大智

第79回高校全国大会。チームは３度目の出場で全国の頂点に立った。当時、キャプテンを務めた著者は喜びを爆発させた

就任1年目で初優勝を遂げた第93回高校全国大会。桐蔭学園高校との死闘を制しての日本一だった

第95回高校全国大会は激戦を勝ち抜き頂点に駆け上がる。高校三冠は前年度の東福岡に続き２校目だった

第97回高校全国大会優勝は大阪桐蔭高校との大阪対決を制してのものだった。最後の大舞台で最高の力を発揮するために重ねてきた準備が大きく花開いた

第101回高校全国大会での優勝は、監督として通算4度目、チームとしては6度目。理想のチーム作りを目指して、著者の挑戦はこれからも続く

湯浅 大智
ゆあさ だいち

1981年9月8日生まれ。大阪府出身。大阪市立中野中学1年生の時からラグビーを始め、東海大学付属大阪仰星高等学校進学後は、キャプテンとして第79回全国高校大会（1999年度）で初優勝を果たした。東海大ラグビー部ではバイスキャプテン。2004年、母校の保健体育教師となり、9年間ラグビー部のコーチを務め、第86回全国高校大会（2006年度）で優勝を経験した。2013年春から監督の座に就くと、その年の第93回全国高校大会（2013年度）で監督として初の日本一にチームを導いた。以来、『花園』での監督としての優勝回数は、95回（2015年度）、97回（2017年度）101回（2021年度）を含め4回を数える。現役時代のポジションはフランカー。大の料理好きで、「ラグビーと料理には共通点がある」と考えている。

紺《こん》の誇《ほこ》り

負《ま》けない準備《じゅんび》の大切《たいせつ》さ

2024年5月31日　第1版第1刷発行

著　者　湯浅 大智《ゆあさ だいち》
発行人　池田 哲雄
発行所　株式会社ベースボール・マガジン社
〒103-8482 東京都中央区日本橋浜町 2-61-9
TIE 浜町ビル
電　話　03-5643-3930（販売部）
03-5643-3885（出版部）
振替口座　00180-6-46620
https://www.bbm-japan.com/

印刷・製本　大日本印刷株式会社

Printed in Japan
ISBN 978-4-583-11650-1 C2075